児相問題の深層

弁護士　南出　喜久治

はじめに

井の中の蛙大海を知らず（井蛙の見）といふ諺がありますが、これは、罪もない子どもを児童相談所（児相）に拉致させて子どもの心身を壊して行くことに心の痛みを感じることなく社会を崩壊させて行く政府の愚策と、それを漫然と支持する政界、官界、法曹界などがその矮小化した見識に囚はれてゐる情況を言ひ当ててゐる言葉です。

児童福祉法（児福法）及び児童虐待の防止等に関する法律（児虐法）といふ視野狭窄の法令に基づいて全国各地に掘られた井戸の底に住んでゐる児相といふ蛙に子どもを委ねることによつて、子どもに関する問題の大半を解決できると国（厚労省）が信じ込んで、それに大きな予算を注ぎ込んでゐますが、これによつて、逆に、子どもの福祉を大きく害するのみならず、問題をさらに大きく複雑にさせるだけで全く解決ができないのです。

児相といふ蛙の居る井戸に落とされてしまつた子どもを助け出すのは容易ではありません。そして、その多くの子どもは成人に達するまで大海を見ることができず、井戸の中で人生をむなしく過ごすことで人生の落伍者にしてしまふといふ大きな犠牲を強ひるばかりか、そのやうな事態は国家の将来にとつて大きな損失なのです。

また、少子化を止めることができない子どもに関する政策だけではなく、これに関連する政策も、これ以外のさらに全体的な社会政策について同様のことが言へますが、わが国の将来を託すべき子どもに関する政策が余りにも偏頗《へんぱ》で功を奏しないものであり、これらに小手先だけの修正を施した程度では将来に展望を見出すことはできず、根本的な大改正をしなければならないときが来てゐます。

遠き慮り無ければ必ず近き憂ひあり、とはこのことを言ふのです。

社会全体が抱へる問題が多様化し、複雑化してゐるために、一つの問題を解決すればその他の問題も解決できるやうな万能的な解決策はなく、むしろ、その解決策の歪さが別の問題を引き起こしてゐます。

ともあれ、児相によつて引き起こされる問題（児相問題）とは、鳥瞰的な視座から法体系を捉へたとき、家庭内の問題はできる限り法が関与せず原則的に自主的解決がなされることを保障すべきであるとする「法は家庭に入らず」といふ法諺で示される古代ローマ法以来の普遍法を根底から否定してゐる大問題なのです。

これは、家庭の自治を認めずに、一切のことについて法令による干渉を行ふという極度の監視社会、官僚統制国家へと社会を変容させる虞のある事象の問題として位置づけられるものです。

ロシア革命におけるレーニンの懐刀と呼ばれた女性革命家アレクサンドラ・コロンタイは、革命を完成させるためには、家族の解体、夫婦の解体、世代間交流を分断させることによつて、次代へと伝承される過去の文化や歴史のすべてを否定することができ、若年層に革命思想を注入して洗脳することが革命の要諦であるとしました。

つまり、コロンタイは、家族制度が封建時代の遺物であり、資本主義経済において は、婦人労働が普及すればするほど家族生活の解体が進行するもので、家族制度は国家にとつても、家の構成員にとつて、もはや必要ではなく、革命下ではさらに家族解体を徹底して、子どもが家庭を離れて父母の保護から社会の保護に移されなければならないと主張したのです。

いまや児相の役割は、この革命政策に近似するやうに、一時保護を濫用して家族を崩壊させ親子の絆を断ち切ることを推進し、社会を構成する最小単位の家族の絆を断ち切り、家族と共同社会を崩壊させる方向に突き進むことに貢献してゐると言へるのです。

本書では、社会全体の大きな問題についてその全体を語るのではなく、将来を託する子どもに関する問題の全体像を指摘して、その中でも、児福法で都道府県（政令指定都市などを含む）が設置した児相といふ井の中の蛙がもたらす問題についてこれまで明らかになつてゐる主な事項について集中的に述べました。

児相問題の根底にある児福法及び児虐法の運用の問題と児相の利権構造の問題など、いはゆる児相問題の深層について、児相被害者は勿論のこと、一般の方々に理解を深めてもらひ、特に、地方議会議員の活動に活用してもらふため、児相問題に平成19年から今日まで17年間、弁護士としてこの問題の最前線で取り組んできた者の立場として述べてみたいと思ひます。

令和6年2月10日

南出　喜久治

もくじ

もくじ

第六　児相問題の取り組み方

第一　総論

一　子どもを取り巻く社会問題

1　子どもに影響を及ぼす環境

多くの子どもは、特別に恵まれた良好な環境に生まれ育つ子どもではありません。たとへ、そのやうな良好な環境の子どもでも真の幸福感に満たされてゐるとは限りません。ましてや、普通の家庭生活環境で生まれ育つ子どもの場合、当然、一つや二つの問題を抱へてゐるものです。その問題には、子ども自身が持つてゐる問題だけでなく、その子どもを取り巻く環境が子どもに引き起こす問題とがあります。

子ども自身の問題とは、子ども自身の病気、事故、怪我、そして、転校、親の再婚などによつて同居する新たな監護者や連れ子との確執などが原因で家庭生活や学校生活の環境に変化を来して、身体的、精神的に直接に影響を及ぼす問題です。子どもの生活圏である学校の中や登下校時に起こる事故や事件、児童ポルノ被害、通つてゐる学習塾などでのトラブルに見舞はれることもあります。

そして、子ども自身以外のことによつて子どもに影響を及ぼす問題はさらに様々あり、枚挙に暇がないほどです。中でも、子どもが育つ家庭環境の変化は最も大きいものです。それには、地震や風水害などによつて家を失つたり、住めなくなつたといふ物理的な影響の他に、共に暮らす親の死亡、病気、事故、事件、失業、倒産、離婚、別居、生き別れ、行方不明、再婚、転居などによつて、精神的、経済的な影響は否が応でも子どもに及びます。特に、親の経済破綻は子どもの貧困問題を引き起こします。重度の家事労働、家業従事などを引き受ければ、子どもの生活環境は大いに変はります。親の単身赴任による別居でも精神的に家族の絆に影響が出るものです。また、親の親戚、友人、知人、近所、地域でのトラブルが直接的、間接的に子どもに及ぶことがあります。

そして、家庭での不遇、親との確執などによる身の置き所がない子どもの長期に亘る逆境の体験が、精神的な耐性の限界を超えると、将来において心身への悪影響を及ぼし、社会生活で疎外感や不適合を生ずるリスクを高めます。勿論、その中で大きな影響を及ぼす出来事として、児相に一時保護として無理矢理に拉致されて長期に亘つて親から引き離された収容生活を余儀なくされた逆境体験が、生涯においてトラウマとして傷跡を残します。

2　いじめと不登校の問題の重要性

これ以外のことでも子どもに直接、間接に及ぼす影響があり、国と自治体の政策も子どもに少なからず影響を与へます。たとへば、児童手当など子どもに対応したものをいくら充実したとしても、その程度では少子化対策や子どもの福祉を増進させる根本的な解決には到底なりません。少子化対策は、これから結婚して子どもを産み育てる若年者世代に対する経済的支援が不可欠であり、しかも、単なる無償支援ではなく、結婚して子どもを産み育てる家庭生活を維持できるための充分な所得を得る仕事を増やして確保する雇用対策、経済対策がなければ実現しません。

単に、現在子育てをしてゐる世代の支援だけでは、子どもをさらに生み育てることには直接につながる効果がないからです。

それどころか、子育てをしてゐる世代は、児童手当などの経済的支援が少ない上に、子どもの育児、教育にとつて大きな問題を抱へてゐます。それは、まづ、増え続けるいじめ（いぢめ）と不登校（登校拒否、登校回避）の原因が解消されず、義務教育などにおける教育環境が改善させてゐないことが、子どもを世代と、子どもを持つ親の世代に降りかかつてゐる大きな問題なのです。

学校内で、同級生や教師によるいじめを受け、それによるフラストレーションを抱へた子どもが多く、それが不登校などの主な原因になつてゐます。

本来、子ども同士のいじめといふのは、後に述べるとほり、「種内攻撃」として、本能の強化、秩序の形成にとつて必要なものです。力の強い者は、力の弱い者を支配するだけでなく、支配と引き換へに弱い者を他の者から守るといふことで秩序形成がされるのです。ガキ大将は、自分の子分となつた者を他の者から守るのです。ところが、現代では、いじめをする子どもも、される子どもも、いづれも本能が劣化してゐるために、支配することも守ることもせず、ただ攻撃するだけで秩序崩壊に向かふ害悪以外の何物でもない状況になつてゐるのです。

いじめが原因で完全な不登校になる前には、欠席日数が増えたり、登校はしても、クラスの者に会ひたくないとして、直接に保健室に行つて、時間が来ると下校するといふ保健室登校をする段階を経ることもありますが、何かの出来事がトリガーとなつて突然に不登校になるのが多いやうです。

いじめは、先ほど述べた子どもの様々な環境変化等を詮索されたり揶揄されたりすることが主な原因で、これが不登校の主な誘因となります。児相に拉致されて戻つてきたことが学校では必ずいじめの原因になるのです。

ところが、児相はそんなことには全く無関心です。環境の変化による子どもへの悪影響を緩和するために支援する予防措置が最も重要な政策なのであつて、それが一時保護することで解決するはずがないのです。

このやうな対策や支援が放置されてゐるために、いじめが益々潜在化して陰湿になつて増大して行きます。しかし、児相は言ふに及ばず、教師もこれに対応できてゐないのです。教師の子どもへの関心が希薄になつて、子どもの様子やその変化を具体的・個別的に把握できず、あるいは、教師が学校の内外における職務や活動等に時間がとられて子どもに向き合ふ時間が絶対的に不足してゐることなどによるものです。

このやうな現実を認識すれば、児相は、学校のいじめにもつと感心を向けるべきですが、児相はいじめ対策には全く関心がありません。関心がないといふよりも、その対策を行ふ能力がありません。親にいじめられたとする子どもを虱潰しに探し出して拉致するよりも、いじめを行つてゐる子どもを補導して、いじめられてゐる子どもが安心して登校できることを守ることに力を入れる方が、子どもの福祉にとつて最も必要なことなのです。

いじめられて悩んでゐる子どものフラストレーション耐性を超えたところで、その親子が次に抱へる問題として不登校（登校拒否、登校回避）が起こります。そして、それが原因となつて、自殺する悲劇までが生まれます。いじめが続いても不登校にならず、心理的限界を超えて自殺する事例も多いのです。いじめが原因で不登校になつたり自殺する子どもの数は、年々増え続けてゐます。ところが、誰もその解決に乗り出しません。学校や教育委員会は、いじめの事件が発覚する都度、それを認識できてゐなかつたと言つて弁解して謝罪することだけを恒例行事のやうに繰り返すだけで、根本解決を図ることができずに放置され続けてゐます。

3　不登校問題が引き起こす社会問題

そして、不登校の子が成人に達すると、不登校のため集団性の学習が不足し、集団から受ける不快感に対する耐性が強くないために、集団生活に馴染めない、集団生活に恐怖感を抱くことなどによつて、就労拒否、出勤拒否、引きこもり、ニート（NEET）、若年無業者などが多く生まれ、無気力、無関心、無感動のアパシーシンドローム（三無主義）の蔓延が深刻となつてゐます。その数は年々多くなつてゐます。

老齢の親の収入に寄生し、パラサイトシングルとなつて無為徒食の生活を続けたりするのは、それが学校のいじめによるものであるとすれば、それは社会の集団性が齎す負の側面と言へるのでせうが、社会の生産活動に全く貢献しない階層が増え続け、いはゆる団塊の世代などが培つてきた富を食ひ潰して行き、社会全体の活力が失はれてゐるにもかかはらず、政府は無為無策を続けてゐるのです。

以下においては、児相問題について述べますが、表現を簡潔にするために、児福法第6条及び児虐法第2条で定義されてゐる「保護者」（親権を行う者、未成年後見人その他の者で、児童を現に監護する者）のことを「親」と表記し、その親権等に服する未成年者のことを「子ども」と表記することにします。

二　児相問題の概要

1　児童虐待の登場

　このやうな子どもを取り巻く数々の問題状況において、いはゆる児相問題は、その一つではありますが、一時保護の契機となる児童虐待といふのは、全体的な問題と比較すれば、極めて特殊な事象です。これまで親子の間で、社会的にみても、その事例が少なく、さほど大きな問題ではなかつたものが、平成12年に児虐法が制定されてから、児童虐待の種類が増えてその件数が急激に増えてきたのです。それまで児童虐待が「暗数」として数多く存在してゐたものが、児虐法が運用されることによつて、炙り出されて多くの事例が顕在化して児童虐待件数が増えたのではありません。児虐法ができたことよつて、児相が成果主義に囚はれて、密告制度（自虐法第6条）まで取り入れて、なんでもかんでも児童虐待として根掘り葉掘り掘り起こして問題にしてきた結果なのです。敵対してゐる者を陥れるために嘘の通告をしても何ら咎《と》められない制度ですから、虚偽通告も増えます。それすら通告件数に入れて水増しします。これが児虐法の２０００年問題です。

そして、児童虐待を大々的に立件するキャンペーンにより煽り立てることにより一時保護が急増して問題化したのが児相問題なのです。子どもを取り巻く全体の問題の位置づけとしては、もっと他に大きな問題があったのに、児童虐待だ、児童虐待だと大騒ぎして、児童虐待なるものを水増しすることによって、大問題に躍り出たのです。

児福法及び児虐法で運用される児相の活動は、親の子どもに対する「児童虐待」のみを規制の対象とし、それに異常なまでに執着して、親による児童虐待があったとして一時保護に血道をあげるものであり、しかも、一時保護は、第三者機関の事前審査もなく、令状主義の適用もないので、恣意的運用がなされてゐます。児相の所長が「必要があると認めるとき」（児福法第33条第1項）に行ふことができるので、余りにも広範な自由裁量権が与へられてゐるため恣意的な判断が可能となるのです。しかも、子どもと親の同意を原則として必要とするにもかかはらず、同意なしで行はれることがほとんどなのです。

児相は、児相が果たすべき親子の再統合のための支援（児福法第48条の3）をせずに、一時保護をすることを至上命題にして、一時保護を慢性的に長期化させ、社会福祉法人などで運営されてゐる児童養護施設（昔の孤児院）などの「児童福祉施設」（児福法第7条第1項）に、その経営を維持できるために必要な多くの人数の子どもを送り込み、親子の再統合と真逆の方向へ突き進み、児童福祉施設の経営を維持することが児相の目的と使命になってをり、一時保護件数を増やしてそれを長期化させることが児相関係者の利権につながってゐるといふ由々しい問題なのです。

国も児相も、これまで児童虐待や虐待をなくすための具体的な方策、政策などを一度も具体的に示したことがなく、ただ一時保護をして親子を隔離することで問題解決になると考へてゐるだけです。しかも、児虐法は、児相関係施設（一時保護所及び児童福祉施設）内でなされる虐待やいじめなどは具体的に規制の対象とはされてません。親の児童虐待のみを規制の対象とし、第3条で、「何人も、児童に対し、虐待をしてはならない。」として、親の「児童虐待」と、親以外の「虐待」とを峻別して、児相の職員と児相関係施設の職員ら、学校の教師その他第三者すべての児童の虐待は、第3条で注意事項として形式的に禁止するだけで、これに対する何らの規制を定めてゐない偏頗なものなのです。

児相の一時保護所や児童福祉施設の児相関係施設は、部外者を排除してその立ち入れを拒絶した秘密施設（閉鎖施設）であるために、犯罪その他の違法行為がなされても、容易に発覚されないこともあつて隠蔽体質が形成されて、組織的に隠蔽することが常態となつてゐます。これまで、児相関係施設での施設内虐待（施設内犯罪）として明らかになつたのは氷山の一角に過ぎません。

児相関係施設内では、子どもが職員の指示に従はないとの理由で、刑務所のような独居房や窓のない懲罰房に長時間監禁されたり、職員から脅迫、暴行、傷害などを受けることは日常茶飯事です。親との面会・通信が禁止されてをり、そのことを知らせたり、傷を負つた姿を親に見せることもできません。部外者が立ち入れない閉鎖施設ですので、秘密が漏れることもなく、児相も、軽傷ならば病院に行かせず、炎症や傷が消えるまで施設からの登校すらさせないこともあります。

第三者機関や地方議員などによる抜き打ち視察などが法制化されれば、このやうな隠蔽体質が打破できますが、そのやうなことは児相や厚労省の抵抗があるために実現しません。

不正や犯罪の発覚があれば、警察が捜査の対象とすべきものですが、警察は、児相のやうに、一時保護をすればするほど一時保護件数に比例して予算を獲得できるといふ予算制度の組織ではないために、子どもの死亡事件や重傷事件などの重大な事件に発展すれば、その段階でやうやく捜査に着手するだけで、それまでの段階では、捜査には全くの素人集団である児相にその初動捜査の権限を丸投げしてゐます。つまり、警察は、親が加害者、子どもが被害者となる軽度の児童虐待事案の捜査権を放棄してゐるに等しい状況です。警察は、予算の豊富な素人集団である児相にまさに丸投げしてゐるのです。

現に、児虐法第6条では、「児童虐待を受けたと思われる児童を発見した者」は、児相などに通告しなければならないとして児童虐待通告制度を規定してゐますが、これは、あくまでも親の児童虐待のみに限定した通告であり、親以外の施設内虐待のやうな「虐待」については、通告義務がないのです。

近年、その児童虐待通告件数がうなぎ登りに急増してゐる原因は、警察から児相に対する児童虐待通告件数が急増してゐるためです。

本来は、警察が「児童虐待を受けたと思われる児童を発見した」とすれば、警察の使命として、それが犯罪の嫌疑があるか否かを捜査し、その嫌疑がないと判断され、児相によつて処理すべき行政案件であると警察が判断してから児相に通告するのであれば問題はありませんが、一般人からそのやうな情報提供があれば、その嫌疑の有無を全く判断しないまま児相に児童虐待通告をして丸投げで済ませてしまふのです。これは、まさに警察が初動捜査の捜査権を放棄してゐることになるのです。

2　隠蔽体質と利権構造

そして、児相によつて児福法と児虐法を一体的に運用してゐる現行法制度は、親の子どもに対する児童虐待のみに特化して対応するもので、その他の者による児童の虐待に対しては全く対応することをしません。親による児童虐待ではないその他の者の虐待は通告の対象にもなりません。児相は、児相関係施設内でのこども同士のいじめには全く関心がなく、しかもそれを解決できる能力も全くありません。児相関係施設での職員による児童への暴行行為、傷害行為、性加害行為などの「施設内虐待」（施設内犯罪）があつても、これを隠蔽し続け、これらの再発防止のための第三者機関による監視制度すらない密室状態の下において、強権的で違法な運用が続けられてゐます。

児相に弁護士を配置し（児福法第12条第3項）、学校にも弁護士を派遣すること（文部科学省方針）によつて、教育を含む児童の生活全般を行政が監視し、家庭の自治を制限ないしは否定する方向が強化され、一時保護によつて親子の絆を分断することが促進されてゐます。弁護士の配置は、口実作りにすぎず、これによつて施設内虐待（施設内犯罪）を摘発されることはありません。予算制度からして、御用弁護士は雇主である児相や学校の方針（一時保護の促進）に逆らふことができません。このことは、児相と提携した精神科医を含むすべての医師、歯科医師も同様です。刑務所と同様に、監視効率を高めるために、言ふことを聞かない子どもを施設内で大人しくさせるために、子どもについての治験データがなく大人でも重大な副作用が指摘されてゐる向精神薬等を平気で子どもに投薬します。精神科や心療内科の医師の殆どは製薬産業を中核とする精神医療産業の利権追及の僕となつてゐるのです。また、教師も学校も児相には逆へないのです。

このやうにして、児相と教師（学校）と医師（病院）と児相の御用弁護士（日弁連、弁護士会）、それに警察の「五人組」が政府の方針に追従する組織的な走狗として活動し、これを裁判所が擁護することによつて、監視社会、統制社会が一層深化して行くことが児相問題の本質であり、これが利権構造の本質なのです。

第二　児相の運用実態について

一　児童保護に関する法制度

1　児福法の制定

敗戦直後において、戦争孤児、浮浪児の保護政策として、児相の一時保護を認めた児福法は、昭和22年に制定されて、翌昭和23年1月1日から施行されました。

一時保護は、児相の所長が「必要があると認めるとき」（児福法第33条第1項）に行ふことができるとされ、広範な自由裁量権が与へられてゐるため恣意的な判断が可能であり、問題がありましたが、これは、上野駅などの人の出入りの多い所に屯して、生きるために物乞ひをしたり、スリ、置き引き、闇市の品物を窃盗したりして飢ゑをしのぐことしかできず、親や親戚などの保護が得られない戦争孤児、浮浪児などの子どもの命と健康を守るためには、このやうな広範な自由裁量権を認めてもやむを得ない事態であると黙認されてきました。

また、その当時の親からすると、もし生き別れした子どもが生存してゐたとすれば、親は児相が浮浪児の我が子を一時保護をしてくれて、子どもの命と健康を守ってくれたことを感謝したでせう。この場合の一時保護は、親の推定的承諾があるとする合理的判断がなされてゐたのです。

ただし、当時、児相に一時保護をされた子どもは、児相の職員から子ども用の食糧まで横取りされて飢ゑに苦しみむことがあり、児相職員と食糧の取り合ひをしても、大人の職員には太刀打ちできず、このままでは餓死すると考へて児相から脱走し、再び上野駅などの昔の居場所に戻つたことがあります。そして、また、脱走した子どもが再び一時保護されて児相に連れ戻されるといふイタチごつこが繰り返されてゐた世相だつたのです。

2 立法事実の消滅

しかし、わが国が戦後復興して、高度経済成長を遂げる過程の中で、戦争孤児や浮浪児など貧困児童は激減し、敗戦後の混乱の一時期のやうな状況はなくなりましたので、一時保護を必要とした立法の制定を基礎づける事実（立法事実）が消滅したことから、一時保護の規定は削除されるか、大幅に裁量権を縮小し、実体要件と手続要件を厳格化する改正をする必要があつたのです。

ところが、権力の自己保存本能によつて、厚生省（現・厚労省）は、児相の権限の縮小ないしは廃止に抵抗して、立法事実が完全に消滅したにもかかはらず、そのまま一時保護の規定が維持させることに成功して、今日までそのまま存続してゐるのです。

そして、親の推定的承諾があるとして歓迎された時代から大きく様変はりし、事実誤認だとして親が一時保護を拒絶しても、強引に親から子どもを拉致してしまふ時代になりました。これまで通り、広範な自由裁量権により、親から子どもを引き離して拉致する制度として運用されることが常態となつたのです。

児福法第33条の一時保護は、「必要があると認めるとき、…行わせることができる。」とあり、期間は2か月で、その更新には回数の制限はありません（ただし、現在では、更新の場合は家裁の承認が必要となつただけです）。罪もない子どもの身体を令状もなしで拘束することができるのは、わが国では考へられない制度です。

精神障害者等の場合は、精神保健及び精神障害者福祉に関する法律（精神保健法）によつて、措置入院の措置により強制的に拘束されて入院させられる場合がありますが、その手続は厳格であり、逆に、精神障害者等のための様々な人権擁護の規定があります。都道府県に精神医療審査会が設置され、入院中の患者の行動制限をする場合には厳格な条件がつけられてをり、面会・通信の自由が保障され、これに違反した者には罰則が科せられてゐるのです。

精神保健法の場合は、精神障害者等を社会で放置すれば不測の摩擦が生じて一般人に危害が及んだり、逆に危害を受ける恐れがあることから、これらの考量によつて、様々な規制と引き換へに人権擁護の規定を定めてゐるのです。

後に述べる警察官職務執行法（警職法）第３条の規定は、迷い子だけでなく、精神錯乱者または泥酔者などが他人の生命、身体、財産に危害を及ぼす者についても「保護」をしなければならないとされてをり、その者の人権保護のために、精神保健法と同様の趣旨で厳格な手続が規定されてゐます。

旧行政執行法には、精神錯乱者などの救護を要する者を収容する「保護検束」と公安を害するおそれのある者を拘束する「予防検束」の制度がありました。これらは手続保障のない人権侵害を引き起こし、権限の濫用がなされてきたことなどを理由に戦後に廃止されましたが、拘束期間は翌日の日没までといふ制限がありましたので、一時保護は、この保護検束と予防検束よりも著しく人権侵害の制度であることが解ります。

つまり、一時保護は、罪もない子どもの立場からすれば、戦前の保護検束と予防検束と同じやうに拘束を受けるもので、精神障害者等の場合と比較しても、子どもが社会に危害を加へることもないのに規制を受けなければならない合理的根拠も理由もなく、また、拘束される手続保障が全くないに等しい違憲の制度であることに変はりはありません。

3 「できる」と「しなければならない」の区別

他方、児福法とほぼ同時期の昭和23年7月12日に施行された警職法第3条（保護）では、「迷い子…を保護しなければならない。」とあり、24時間が限度で求められ、これを延長する場合でも5日間が限度で、しかも、簡易裁判所の許可状が必要となつてゐます。

このやうに、児福法と警職法とは同じ時期（非独立占領期）に制定された法制度ですが、児童の保護に関する規定内容とその運用には雲泥の相違があります。

また、「できる」（児福法33条、警職法2条＝職務質問）と「しなければならない」（警職法3条）との法文の区別は明確であり、前者は任意、後者は強制です。前者の場合である一時保護の場合は子ども及び親の同意が必要であり、後者の場合は、その必要がありません。

「できる」とは、それを求める権利はあるが、相手方にはそれに応ずる義務がないといふことであり、これに対し、「しなければならない」とは、相手方にそれを受け入れる義務があり、強制することができるのです。

したがつて、児相の一時保護の運用は明らかに違法ですが、そのことを主張しても家裁は勿論、地裁、高裁及び最高裁の裁判官は、誰もこれを認めません。司法制度自体が法を無視した組織に堕落して機能不全に陥つてゐるのです。

先ほど述べたとほり、高度経済成長期を経て戦争孤児や浮浪児が存在しなくなつた現在では、一時保護制度を含む児福法の制定及びその運用を基礎づける合理的な事実（立法事実）が消滅してゐるので、この制度をこのまま維持運用することができないはずですが、これをそのまま維持運用するどころか、令状主義を採用せずに、一時保護ができる厳格な手続要件を定めないどころか、児相の権限を一層強化するといふ逆行した法改正が国会で次々と全会一致でなされてゐます。児相権限をさらに強化すればするほど、その濫用を止めることができない状態となり、格差の拡大と児童の貧困化がこの逆行の傾向を下支へし、一時保護件数をさらに底上げしてゐる状況にあります。

ここでの「迷い子」といふのは、事実上の迷い子ですが、これは、法律的な意味での迷い子である要保護児童にも適用されるべきです。要保護児童といふのは、「保護者のない児童又は保護者に監護させることが不適当であると認められる児童」のことですが、この要保護児童については、警職法と同様に裁判所の関与と許可を必要とすべきであるにもかかはらず、児福法第25条の2以下において、すべて児相の一時保護の権限に委ねてしまつてゐるのです。

4　令状主義の必要性

一時保護については、当然に令状主義を採用すべきなのです。昭和30年4月27日最高裁大法廷判決は、「〔憲法第35条の〕法意は、憲法33条による不逮捕の保障の存しない場合においては捜索押収等を受けることのない権利も亦保障されないことを明らかにしたものなのである。然るに右33条は現行犯の場合にあつては同条所定の令状なくして逮捕されてもいわゆる不逮捕の保障には係りなきことを規定しているのであるから，同35条の保障も亦現行犯の場合には及ばない」と判示し、憲法第35条が行政手続にも適用されるか否かの問題については、明確な判断を示されなかったのですが、栗山裁判官の補足意見では、令状主義が行政手続にも適用されるとの趣旨の見解が示されてゐました。

これに引き続き、平成4年7月1日の最高裁判所大法廷判決では、「憲法31条の定める法定手続きの保障は、直接には刑事手続に関するものであるが、行政手続については、それが刑事手続でないとの理由のみで、その全てが当然に同条の保障の枠外にあると判断することは相当ではない。しかしながら、同条による保障が及ぶと解すべき場合であっても、一般に、行政手続きは、刑事手続きとその性質においておのずから差異があり、また、行政目的に応じて多種多様であるから、行政処分の相手方に事前の告知、弁解、防御の機会を与えるかどうかは、行政処分により制限を受ける権利利益の内容、性質、制限の程度、行政処分により達成しようとする公益の内容、程度、緊急性等を総合して決定されるべきものであって、常にそのような機会を与えることを必要とするものではないと解するのが相当である。」と説示しました。

これによれば、行政手続にも憲法第31条の適正手続の保障が原則として及び得るとした上で、その適用があるための利益衡量として、「行政処分により制限を受ける権利利益の内容、性質、制限の程度、行政処分により達成しようとする公益の内容、程度、緊急性等を総合」してなされることになるといふことです。

さうであれば、一時保護等の手続は、憲法第31条の適用を受けるべきであり、このままでは手続保障が全くなされてゐないに等しいために、これを違憲無効とされなければなりませんが、親が提訴した訴訟において、この憲法違反の主張を単なる法律違反の主張に過ぎないとして憲法判断を回避して悉く退けるのです。まさに、最高裁判所は羊頭狗肉の類の最低裁判所になり果ててをり、曲学阿世《きょくがくあせい》の最高裁判所裁判官の総入れ替へが必要になつてゐます。

児福法第33条には、一時保護をなすことができる要件を規定せず、単に、児相の所長が「必要があると認めるとき」とあるだけで、恣意的運用を防ぐことができません。しかも、非違行為をしてゐない子どもの身柄を子どもと親の同意なしに行ふのですから、子どもの人権を保障するためには、どうしても令状主義が採用されなければならないのです。

犯罪の嫌疑が認められた者に対して身体の拘束をすることについて令状主義

が求められてゐるのであれば、何の嫌疑もない子どもについては、令状主義が採用されることは、当然のことであり、これが制度化されてゐない現行の一時保護などの制度は違憲であると言はざるを得ません。

また、仮に、刑事手続に適用される令状主義の原則が行政作用の手続である一時保護に適用されないとされる場合であつても、行政作用の手続である精神保健法及び警職法第3条には手続保障がなされてゐるのに、これと同等の行政作用の手続である児福法第33条には保障されてゐないことからして、これらの法令の比較から、法令相互の規定に不合理な差別があることを理由に、一時保護が憲法第14条の法の下の平等に違反する違憲のものであるといふことができます。

5　児童相談所運営指針

厚労省が全国の児相に対して、その具体的な運営について具体的に指示した『児童相談所運営指針』（指針）といふものがあります。

その中で、一時保護のことについて述べてをり、「一時保護の強行性」の単元には、「一時保護は原則として子どもや保護者の同意を得て行う必要がある」とあります。

「原則」とは、「例外」があることを意味しますが、どのやうな場合に例外に該当するのかについての記載が全くありません。

しかし、例外とは、その要件を定めなければ、原則が形骸化して、原則と例外とが逆転し、原則そのものが否定されることになりかねないのです。

実際は、児相は、逆に、「原則として」子どもや保護者の同意なしに一時保護を行つてゐます。例外が原則と置き換はつてゐるのです。同意のある一時保護は、親の方から何らかの事情があつて子どもの一時保護を積極的にお願ひした場合にしかありません。

つまり、児相は、原則と例外との逆転運用を行ひ、例外を原則運用することによつて、法律を無視し、指針にも反して一時保護を行つてをり、全国すべての児相は例外なくこれを行つてゐます。このことを厚労省は知つてゐながら、それを黙認し続け、自らが定めた基準を全く守らない児相に対し、これを守れと厳しく指示することがありません。むしろ、児相は、厚労省からの違法な指示があつたために、その運用をしてゐるとしか考へられないのです。

つまり、この指針の原則は、子どもと親の同意を必要とし、緊急性（一時保護を直ちに行はなければならない急迫な状況であること）及び補充性（一時保護をする以外に他に方法がないこと）に該当する場合であれば同意が不要なのです。そのやうな例外的な場合に限つて、子どもと親の同意を不要とするものですが、児相は、緊急性、補充性のないすべての事案であつても、子どもと親の同意がないまま一時保護を強行します。親が抵抗するので自宅から子どもを連れ去ることが困難であることを見越して、親が知らないうちに、学校、保育所、病院などから、直接に児童を拉致するケースが殆どなのです。

この緊急性及び補充性は、例外的に子どもと親の同意を不要とする要件ですので、それが満たされてゐることの立証責任は、それを主張する児相にありますが、児相は、訴訟の場合だけでなく、いかなる場合であつてもその立証責任を果たしたことがなく、裁判所もこれさせずに一時保護が合法であると認めてしまふのです。

そもそも、原則として「子どもや保護者の同意」が必要であるとする場合、子どもは未成年者であり、一時保護の意味と効果等についての判断能力がなく、意思無能力者とされるので、親が親権者として同意するか否かを決めることになります。さうすると、「子どもと保護者の同意」とは、親の同意が絶対に必要になるといふ意味になるのです。

ところで、同じころに制定された法律であるのに、24時間の短い保護を「保護」(警職法第3条)と言ひ、2か月に及ぶ保護を「一時保護」といふ言葉のアンバランスもさることながら、この一時保護が際限なく2か月毎に更新されて長期化してゐます。長期化することは制度の開始の当初から問題視されてゐました。

しかし、すべての裁判所は、なんと2か月といふのが「短期」であるとし、一時保護は短期を想定してゐるので、同意は不要であるなどと支離滅裂の判断をして、同意のない一時保護をすべて合法と判断し続けてゐます。このやうな違法な判断をし続ける裁判所は、もはや裁判所の名に値しません。

現在では、一時保護の更新には家裁の許可が必要となりましたが、家裁が、更新を不許可とした事案は殆どありません。家裁は、児相よりも厚労省の顔色を見るだけのヒラメ裁判官ばかりなのです。

二 一時保護の運用

1 違法運用の常態化

一時保護は、前述したとほり、子どもと親の同意があることが原則であるといふのは、厚労省の『児童相談所運営指針』によつて、初めて「原則」であることが決まつたものではありません。これは、児福法第33条の規定表現から当然に導かれることなのです。

先ほども述べたとほり、児福法第33条で、一時保護が「できる」という規定の表現は、警職法第2条に、警察官が職務質問をすることについて、職務質問が「できる」とする規定の表現と同じであり、その性質も全く同じです。法令によつてその解釈適用が変はることはありません。そのやうなことでは、法的安定性を害するからです。

職務質問を受けた場合、それを拒否したり、質問に答へなかつたり、警察署等へ同行することの要請を拒むことは当然にできるのです。これは判例も認めてゐます。しかし、これに黙つて応じて答へたり所持品検査に素直に応じたりすると、黙示の同意があつたとされるので、拒絶する場合は明確に意思表明をする必要があります。

そのことは、一時保護の場合も同様で、児相の職員から高圧的な態度で一時保護をしますと言はれると、これに応じなければならない義務があると勘違ひして沈黙したまま児相の言ひなりにすると、黙示の同意があつたものとして処理されます。ですから、大半は、このやうな方法で、黙示の同意があつたとして処理されてゐるのです。このやうなことは児相の常套手段なので、沈黙してゐてはだめなのです。

2　児虐法制定後の一時保護の運用の違憲性

児虐法が制定された平成12年までにおいても、児童虐待があつたことを証拠によつて確認したことを理由に一時保護をした事例は極めて稀なケースであり、児相が児童虐待がなされたと疑つてゐるといふ児相の主観的な理由で一時保護がされることが殆どでした。特に、明確に疑ひがなくても、そのやうな推測だけで一時保護をしてゐました。「必要があると認めるとき」といふのは、単なる主観的な推測で充分であると解釈されてゐたのです。

そして、児虐法は、児相がこれまで行ってきたことを追認し、さらに、児童虐待の概念を一挙に拡張して、なんでもかんでも児童虐待とすることによって、児相の援護射撃をして一時保護ができるやうにするために制定されたもので、子どもと親の同意を得ない違法な一時保護を運用することに変はりはありませんでした。

児虐法が児童虐待の概念を極めて広く定めたことにより、これまでは有形力の行使のある身体的虐待の場合が殆どであつたものが、一挙に一時保護を根拠づける児童虐待の態様の範囲が拡大し、前にも述べたとほり、一気に「児童虐待」の案件が水増しされて一時保護件数が急増したのです。

特に、児虐法第2条第4号の心理的虐待の概念が設けられ、それを最大限に拡張適用することになつたことです。家庭内で夫婦が口論すると、それが子どもに心理的虐待を行つたとして一時保護がなされます。

子どもは、親との家庭生活の中で様々なことを経験して、それを糧として人格的に成長して行くものですが、児相が、家庭生活の事象をマクロ的に捉へずに、その1コマ1コマの親の一挙手一投足を厳密にミクロ的に捉へて児童虐待だと大騒ぎすることは、適切ではありません。

子どもには、心理的耐性が備はつてをり、家庭内での多少の問題を自らの判断と努力で解消して行く柔軟性があり、このやうなミクロ的事象を個別に切り取つてそれを「児童虐待」として論ひ、何らの落ち度もない子どもを、あたかも犯罪者であるかの如く一時保護といふ拉致行為によつて子どもを親から隔離し、生活環境を強制的に変更させることは、子どもの利益と福祉にとつて到底許されるものではありません。

児童虐待の種類と態様にもよりますが、それが一過性の場合と継続的な場合とが区別されなければなりません。一過性のものは、通常は子どもに備はつた心理的耐性によつて解消されるものです。問題は、継続的な児童虐待の場合であり、児虐法の児童虐待として肯定される場合であつても、それは原則として継続的な児童虐待に限定して解釈されなければならないのです。

ただし、児虐法第2条第2号の性的虐待（児童にわいせつな行為をすること又は児童をしてわいせつな行為をさせること）の場合は他の児童虐待とは異なります。この行為が刑法の第22章の「わいせつ、強制性交等及び重婚の罪」で規定する第１７４条ないし第１８２条に該当する場合は、性的虐待ではなく明らかに犯罪であつて、児虐法で処理される問題ではありません。刑罰の対象となる犯罪とその対象とされない性的虐待とは峻別する必要があります。そして、犯罪とされない性的虐待が一過性のものであつても、子どもが受けた精神的外傷（トラウマ）の程度によつて対応さなければなりません。

いづれにしても、一時保護による一次的な被害者は、紛れもなく子どもです。二次的には親です。子どもは、これまでの家庭生活をいきなり変更させられ施設での生活を強制されるのです。一時保護といふのは、児相が児童虐待を行つたとする親を懲らしめるために子どもを引き離し続ける報復措置であつて、それによつて子どもが最大の被害を被る現象なのです。

子どもにとつて、家族生活といふのは、何ら波風の立たない無風状態、無菌培養の場ではなく、清水に魚棲まずといふやうに、家族が社会の最小単位であることからして、家族生活が社会生活における耐性力、免疫力を培ふ場所なのです。

にもかかはらず、児福法及び児虐法は、子どもにその力を付ける事象の全てを有害で排除しやうとして、無菌状態を理想とするかのやうに、子どもが成長する一切の機会を奪ひ、親の親権を侵害するものであり、子どもの利益と福祉を根底から否定し、家族生活を破壊するものです。

そのやうなことから、「法は家庭に入らず」といふ法諺が伝統的な規範として存在してゐるのであって、児福法及び児虐法は、親子の再統合を否定し、親子の基本的人権を侵害するこれを完全に否定しやうとする違憲・違法の法律なのです。

3　一時保護の違法な運用の実例

以下に、具体的な事例に即して、児相がどのやうな一時保護の違法な運用をするのかについて説明します。

体質的に、少しの打撲があっても痣ができやすい子どもがゐます。小学生ならば、夏場は半ズボン、ミニスカート、半袖で通学することが多く、外から見えやすい両手、両足に痣を付けたまま登校すると、親から叩かれたのかと教師から質問されます。自分が転んだときにできた痣だと答へても、教師は、それが余りにも大きな痣である場合は、その原因が体質であると説明してもなかなか信じないため、さらにしつこく質問してきます。それでも子どもが正直通り同じ答へを続けると、親から強く口封じされてゐると邪推し、児童虐待がなされたものであると勘ぐつて児相に児童虐待通告し、児相も教師が抱いた勘ぐりをそのまま受け入れて一時保護をした事例がありました。

親側は、痣のできやすい体質である診断書等を提出して、その痣が転んでできた大きな痣であることを証明しやうとしましたが、親が児童虐待をしたのではないことの証拠がないとして親の言ひ分を退けました。児童虐待をしてゐないことの証明は、いはゆる悪魔の証明であり、親がそんな証明責任は負はないこともものであることを法の無知のために児相は理解できません。児童虐待によるものであるとするのであれば、そのことを証明する責任が児相にあると説明しましたが、最後は、一時保護は、証拠に基づかなくても、その疑ひがあるだけでできると開き直つて一時保護を解除することがありませんでした。つまり、一時保護は、所長が「必要があると認めるとき」にできるとされてゐることを笠に着てその正当性を主張したのです。

ところがです。一時保護所内で、保育士がその子どもに暴力をふるつて怪我をさせる事件が起きました。児相は、そのことを隠蔽し続けましたが、ついに発覚することとなつて、刑事事件として立件され、その保育士は略式命令で罰金刑が科せられ、それが確定したのです。

一方では、子どもは施設内で刑事事件の被害者であることが確定してゐるのに、他方では、親が児童虐待したことの証明がなく、施設内での再発防止の措置を明確に示すことができないのであれば、直ちに一時保護を解除せよと証拠主義に基づいて要求しても、それでも児相は一時保護の解除に応じなかつたのですが、その後、児相の所長が変はつた途端、新所長は、児相の非を認め、直ぐに一時保護を解除して子どもが帰つてきたのです。

そこで、児相に対する牽制のためにも国家賠償訴訟を勧めたのですが、子どもが通学してゐる限り、児童虐待通告をした教師や児相からの報復として、再び一時保護が画策されることを恐れたことから断念するとの決断がなされて、それが実現しませんでした。

また、寝坊をして朝食を取らずに走つて登校した子どもに、教師が、その子どもの顔色がよくないことから、いろいろとしつこく質問し、朝食をしてきたのかと質問するので、してゐないと答へると、親が朝食の用意をしてくれなかつたのか、と何度も何度も質問するので、寝坊したとは言ひそびれて、さうです、と答へると、直ぐにネグレクトであるとして児童虐待通告されて一時保護がなされた事案もありました。

そして、子どもが怪我や病気をして病院で診察を受けたときにも、診察を受けた医師から、児童虐待通告がされて一時保護されてしまふケースもあります。虫歯治療で歯科医師に子どもを連れて行くと、こんな酷い虫歯になるまで放置したのは育児放棄だとされて、その児相のスパイの歯科医師から児童虐待通告されて一時保護がされてしまつたといふケースもありました。

このやうに、子どもが通学してゐることは、学校に人質に取られてゐることになるので、なかなか、子育て世代としては、学校と対立したりすることができません。学校とつながつてゐる児相によつて一時保護その他の不利益な処分がなされるのではないかとの恐れから、簡単には声を出しにくい状況があるのです。

親としては、学校の教育方針などに不満があつても、そのことで対立して学校の心証を悪くすることによつて不利益な処分、特に、口実を付けられて児童虐待であると児相に通報されるのではないかとの不安が付きまとひます。真面に教育方針を協議できないのは、児童虐待通告の制度のためです。特に、教育方針のことで学校と対立してゐる親は、よほど気を付けなければなりません。親としては当然のことを学校に言つてゐると思つてゐても、学校では、モンスター・ペアレンツ（ヘリコプター・ペアレンツ）としか見られてゐないことがあります。そのやうな場合、親の子どもに対する児童虐待事例があるかと探し出して、その疑ひがあるとして児童虐待通告をすることがあるのです。そのやうな事例は数へきれなゐほどあります。これでは親の教育権が否定されてゐるに等しいことになつてゐます。

また、児福法や児虐法に精通して児相の実態を認識してゐる弁護士は少なく、法律相談をしても、児相の言ふとほりにすればよいとしか答へない弁護士とか、受任してから初めて児相の酷さが解つたとする弁護士などが殆どで、そもそも児相からの被害を受けてゐる親などの児相被害者の委任を受けてくれる弁護士が少ないのです。東京では、２００人以上の弁護士に依頼しやうとしたが全て断られてきたといふ人も居ました。むしろ、児福法や児虐法に詳しい弁護士は、児相が顧問弁護士と抱へてしまひ、日弁連も弁護士会も児相の旗振りしかせず、児相被害者の親に寄り添ふ弁護士は限られてゐます。

結局は、児相、教師（学校）、医師（病院）、児相の御用弁護士（日弁連、弁護士会）、それに警察の「五人組」から子育て世代は監視され続けてゐるので、子どもが一時保護される危険性は極めて高いのです。

4　子捨ての奨励と身障者差別

そして、社会を崩壊させる最も由々しい問題は、子どもの貧困問題と関連して、生活困窮家庭が育児の意欲を失つてゐることに付け込んで、児相が育児の悩みの相談に応じるとの喧伝を盛んに行ひ、それに基づいて児相に相談する貧困家庭が多いことです。

親が子どもに、その成育に必要な栄養のある食事を充分与へないのは児虐法第２条第３号の育児放棄（ネグレクト）になると脅して、一時保護を容認させる事例が増え続けてゐるます。

親の中には、児相の説明を好意的に受け入れ、ネグレクトであることを認めて、自己の奢侈《しゃくし》と快楽を優先させ、それを理由に積極的に一時保護をしてもらふやう児相と取引までして一時保護に応じるケースが増えてゐます。このやうな場合は、子どもを守らうとして一時保護に同意しない親の場合のやうに、一時保護後の子どもとの面会・通信を報復的に全面禁止させられることが少ないので受け入れやすく、親としても、子どもの食費、養育費などが節約でき、監護・教育に費やす労務負担を免れることができることから、罪悪感を抱くことのない体裁の良い「子捨て」（遺棄）をすることができることとなり、その結果、家族の絆は否定され、この家庭は崩壊して行くのです。

児相は、いち早く（１８９）子捨てをしろと児相は貧困家庭などにささやき続けて誘惑し、親が子捨てをするといふ罪悪感を稀薄にさせ、あるいは打ち消しさせ、児相はこれに便乗して一時保護を行つてその件数を増やすことにより大きな予算を獲得していくのです。

また、身障者の貧困家庭であることを見透かして、出産後に入院中の乳児を児童虐待する可能性が全くないのにもかかはらず、親が身障者であり、乳児に先天的障害があることから、身障者では監護が能力的にできないとする邪推をして、究極の身障者差別の思想に囚はれ、親の同意もなく、入院中の乳児をいきなり病院から直接に一時保護をして連れ去るといふケースが起こりました。

親は、子どもの生命と健康のために、できる限りのことをして、必要な医療措置はすべて病院と相談の上で病院の指示に従ひながらも、自らの努力で子どもを育てたいとの強い要望があり、児相が行つてゐる措置よりも、さらに良好な対応をする意思と計画を具体的に持つてゐるのに、それでも児相は、身障者であればそれができないとして子どもを奪ひ取つてしまふのです。

この親は子捨てをする冷血な親ではないのです。身障者として自立するための唯一の目標であり心の支へとしての子育てであるのに、それさへも児相は奪つてしまふのです。ここまでやつてのけるのが今の児相です。児相の暴走は止まりません。

三　面会・通信の制限

1　不同意一時保護と面会・通信の全部制限（禁止）

児虐法第12条第1項は、

「児童虐待を受けた児童について児童福祉法第27条第1項第3号の措置（以下「施設入所等の措置」という。）が採られ、又は同法第33条第1項若しくは第2項の規定による一時保護が行われた場合において、児童虐待の防止及び児童虐待を受けた児童の保護のため必要があると認めるときは、児童相談所長及び当該児童について施設入所等の措置が採られている場合における当該施設入所等の措置に係る同号に規定する施設の長は、内閣府令で定めるところにより、当該児童虐待を行った保護者について、次に掲げる行為の全部又は一部を制限することができる。

一　当該児童との面会

二　当該児童との通信」

と定めてゐます。

この規定の運用において、児相は、一時保護に反対ないしは同意せず、あるいは児童虐待を否認してゐる親に対しては、児虐法第12条第1項によつて、親が子どもと面会し、手紙などによる通信などをすべて禁止します。

児虐法第12条第1項は、「児童虐待を受けた児童」に親が面会・通信することを「全部または一部を制限」できるとありますが、このうち、常にその全部を制限するのです。全部制限といふのは「禁止」のことです。

この禁止によつて、親子の再統合（児福法第48条の3）が阻まれると同時に、親子が隔絶してゐることから、児相は、子どもに対して、親が面会にも来ないのは、もう親は子どものことを忘れて、子どもだと思つてをらず親から捨てられてしまつたのだ、などと虚偽の説明をして、子どもに対して著しい心理的虐待を行つた事実も露見してゐるのです。

2　親の代理人の面会

児虐法第12条は、面会・通信の制限ができるのは「当該児童虐待を行った保護者」とされてゐるだけです。これは、その親本人について制限できる一身専属的なもののはずですが、弁護士などが親の意向を理解して、代理人の立場ではあつても職務的に公正な立場を維持して、親子の再統合の糸口を模索するために子どもに面会したり通信したりすることは許されるはずです。それ以外にも、親の親兄弟ど子どものことを心配してくれてゐる人達の方こそ子どもとの仲立ちとなつて解決の一口を切り開いてくれる可能性が高いのに、それすら児相は拒絶します。児相としても、本来であれば、親子の再統合のためには、親が直接に面会・通信を行ふよりも、そのやうな第三者に対して児相が協力を要請して親子の再統合のために努力してもらふのが必要であるにもかかはらず、それを一切させずに親子の再統合を阻み続けるのです。要するに、児相としては、親子の再統合を阻むために必死になつてゐるのです。

3　「児童虐待を受けた児童」について

ところで、この条項には不明確なところがあります。対象は、「児童虐待を受けた児童」とありますので、それが証拠上明確でなければなりませんが、児童虐待の疑ひがありうるといふ程度でも児相は一時保護をしてきます。しかし、「児童虐待を受けた児童」と「児童虐待を受けた疑ひのある児童」とは明確に区別されなければなりません。親が児童虐待をした事実を否認してゐるときは、その事実の立証責任は児相にありますが、これに対しては児相は一切これに応じません。

つまり、「児童虐待を受けた児童」といふのは、なし崩し的に「児童虐待を受けた疑ひのある児童」を含むとして違法な運用がなされてゐるのです。

4 「児童虐待の防止…のため必要があると認めるとき」について

また、面会・通信の制限をする場合は、「児童虐待の防止及び児童虐待を受けた児童の保護のため必要があると認めるとき」を要件としてゐますが、「児童虐待の防止…のため必要があると認めるとき」とは、一時保護によつて子どもは親から隔離されてゐますので、面会の場合であれば、その面会の際に、児童虐待がなされることを防止する意味となります。そうすると、同法第2条第1号（身体的虐待）及び同条第3号（育児放棄）は問題になりません。しかし、同法第2条第2号（性的虐待）については、別枠で考へる必要があり、前述したとほり、この場合の面会・通信は慎重に対応されなければなりませんが、残るは同条第4号（心理的虐待）についての防止を検討することになります。

従つて、仮に、面会時までに、親が子どもに対して脅迫的・攻撃的な言動と意向を示し続けてゐるやうな極端な場合であれば別ですが、親子の再統合のために、子どもと仲直りして絆を深めたいといふ素朴な意向を示し、子どもも親と会つて話をしたいといふ希望があるのであれば、面会時の言葉遣ひに注意してもらふことで面会を当然に許さなければならないはずです。

また、通信の場合であれば、検閲が許されないことからして、事前に確認することはできないとしても、親が子どもに対して脅迫的な手紙を送りつけることは通常ありえないので、まずは通信を許し、その後において子どもから事情を聴取して、今後において通信制限をするか否かを判断すれば足りるのです。しかも、子どもから親に対する通信はどのやうな場合であつても、原則として制限されるべきではありません。

5 「児童虐待を受けた児童の保護のため必要があると認めるとき」について

次に、面会・通信の制限ができる要件として、「児童虐待を受けた児童の保護のため必要があると認めるとき」についてですが、ここでも前述したとほり、

「児童虐待を受けた児童」であるかについては、児相に立証責任があり、これが立証されないのであれば、「児童虐待を受けた疑ひのある児童」については対象外になり、面会・通信の制限は一切できないことになります。

また、「児童虐待を受けた児童」であると証明されてゐる場合であつても、前記3で述べたとほり、原則として面会・通信が制限される根拠はないのです。

6　面会・通信を禁止する理由

つまり、一時保護は、面会・通信の全部制限（禁止）とセットになつて恒常化してゐますが、それには理由があります。

子どもを親に面会させると、帰宅したいと願つてゐる子どもの気持ちが一層強くなり、里心が付いてしまひます。児相としては、その気持ちを抑へさせるための説得と懐柔《かいじゅう》をすることに労力と時間を要して、時には嘘までついて子どもが親と面会したいといふ気持ちを無くさせて諦めさせることが必要となり、そのために児相職員の仕事量が増えて支障が出るためです。

そこで、面会・通信を全面禁止して親子を完全隔離すれば、子どもが親と面会したいとか家に帰りたいと思つても、それを無視すればよく、面会・通信を封じ込めるだけで、児相職員が子どもと向き合ふ仕事量が激減して好都合なので、このやうな強引な方法を取るのです。

また、前にも述べましたが、親と面会したい気持ちを抑へさせ、あるいはなくさせるために、親が面会しに来ないのは愛情がないためであり、お前は親から捨てられたのだと嘘を平気でつきます。子どもが親と会ひたくなくなるやうな虚偽の情報を子どもに刷り込んで心理的虐待を続けるのです。

また、面会・通信をさせなければ、施設内での待遇の悪さや虐待を頻繁に加へられてゐる事実、さらには、児相が提供した情報が嘘であつたことが発覚するのを防ぐことができるので、児相にとつては一石二鳥の方策なのです。これらについてはすべて証拠があります。

そして、人道的に問題なのは、親族が死亡しても葬儀に参列することすら許さないことです。葬儀では親と顔を合はせたり会話することになるので、面会禁止に抵触するといふのです。親が子どもに対して一切話しかけることをしないと申し入れても許しません。話しかけなければ面会とは言へないはずですが、それでも認めないのです。親族との最後の別れのために沈黙のまま葬儀に参列することを条件として、面会禁止の一部解除することを求めても一切認めないのです。こんな非人道的な行為を平然と行ふのが児相なのです。

7 「親子の再統合」の窓口としての面会・通信

以上からして、面会・通信の制限とは、あくまで例外的なことであり、これを制限することは、児福法の立法目的とされる親子の再統合（児福法第48条の3）を制限することであつて、制度趣旨に逆行することになります。

児相は、親が児相に対する不服従で反抗的態度であることを面会・通信を制限する理由としますが、そのやうな理由で制限できる法令上の根拠がないことは明らかなのです。

児相に対する不服従で反抗的態度は、子どもに対する児童虐待の事実には該当しません。むしろ、親としては、子ども対する愛情があるため、面会・通信を制限する児相こそが「虐待」であるとして抗議することが子どもの利益のためであると認識してゐることなのですから、決して批判される謂れはないのです。

8　児童の権利に関する条約

一時保護された子どもには、何らの非違行為はありません。児虐法の建前であれば、子どもはあくまでも被害者です。その被害者が親との面会・通信を希望してゐるにもかかはらず、これを禁止することは、子どもの基本的人権を侵害するものであり、わが国が批准した「児童の権利に関する条約」の各条項に違反します。

すなはち、同条約第16条【私生活、名誉及び信用の保護】では、
「1　いかなる児童も、その私生活、家族、住居若しくは通信に対して恣意的に若しくは不法に干渉され又は名誉及び信用を不法に攻撃されない。
2　児童は、1の干渉又は攻撃に対する法律の保護を受ける権利を有する。」

とあり、同条約第18条【父母の養育責任及び国の援助】には、「1　締約国は、児童の養育及び発達について父母が共同の責任を有するという原則についての認識を確保するために最善の努力を払う。父母又は場合により法定保護者は、児童の養育及び発達についての第一義的な責任を有する。児童の最善の利益は、これらの者の基本的な関心事項となるものとする。

2　締約国は、この条約に定める権利を保障し及び促進するため、父母及び法定保護者が児童の養育についての責任を遂行するに当たりこれらの者に対して適当な援助を与えるものとし、また、児童の養護のための施設、設備及び役務の提供の発展を確保する。

3　締約国は、父母が働いている児童が利用する資格を有する児童の養護のための役務の提供及び設備からその児童が便益を受ける権利を有することを確保するためのすべての適当な措置をとる。」

とあり、さらに、同条約第20条【家庭環境を奪われた児童の保護】には、「1　一時的若しくは恒久的にその家庭環境を奪われた児童又は児童自身の最善の利益にかんがみその家庭環境にとどまることが認められない児童は、国が与える特別の保護及び援助を受ける権利を有する。

2　締約国は、自国の国内法に従い、1の児童のための代替的な監護を確保する。

3　2の監護には、特に、里親委託、イスラム法のカファーラ、養子縁組又は必要な場合には児童の監護のための適当な施設への収容を含むことができる。解決策の検討に当たっては、児童の養育において継続性が望ましいこと並びに児童の種族的、宗教的、文化的及び言語的な背景について、十分な考慮を払うものとする。」

とあります。

法体系の段階的効力については、憲法、条約、法律、政令等の序列があり、条約である児童の権利に関する条約は、児福法及び児虐法に優先するものであつて、親子の再統合の窓口となる面会・通信を禁止ないし制限する虐法第12条は、憲法及び児童の権利に関する条約に違反して、違憲無効なのです。

ところで、児虐法は、この条約の批准後に制定されたものですが、同条約第19条【虐待等からの保護】を前提としたものとされてゐます。同条は、

「1　締約国は、児童が父母、法定保護者又は児童を監護する他の者による監護を受けている間において、あらゆる形態の身体的若しくは精神的な暴力、傷

害若しくは虐待、放置若しくは怠慢な取扱い、不当な取扱い又は搾取（性的虐待を含む。）からその児童を保護するためすべての適当な立法上、行政上、社会上及び教育上の措置をとる。

2　1の保護措置には、適当な場合には、児童及び児童を監護する者のために必要な援助を与える社会的計画の作成その他の形態による防止のための効果的な手続並びに1に定める児童の不当な取扱いの事件の発見、報告、付託、調査、処置及び事後措置並びに適当な場合には司法の関与に関する効果的な手続を含むものとする。」

とありますが、これによれば、虐待が「父母、法定保護者又は児童を監護する他の者」から受けたものに限られてゐないことになります。

すなはち、「監護を受けている間において」とあるだけで、虐待の主体が「父母、法定保護者又は児童を監護する他の者」に限定されてゐないからです。

「あらゆる形態の身体的若しくは精神的な暴力、傷害若しくは虐待、放置若しくは怠慢な取扱い、不当な取扱い又は搾取（性的虐待を含む。）」は、児相関係施設から受けるものを含めてゐることになりますので、児虐法は、同条約第

19条が求めてゐるものの一部でしかないのです。

また、後述しますが、有形力の行使を伴ふ体罰及び教育的指導については、同条約第19条が対象とする行為に含まれてゐるとの解釈はなされてゐません。

ところで、この条約の第44条に基づいて、わが国では国際連合（国連）と訳されてゐる戦勝連合国（United Nations UN）の設置してゐる「子供の権利委員会」が、わが国の学校と児相の違法行為を指摘してゐるといふ事実があります。

子供の権利委員会といふのは、各締約国が同条約の実施に努めてゐるかどうかを点検し勧告する機関ですが、同委員会は、すでに、我が国の学校が児相に親権者の同意を得ずに児童虐待通告して一時保護をするやうな人権侵害がなされてゐることを認識してゐます。

具体的に言ひますと、同委員会の第54期（平成22年5月25日から6月11日）セッションの日本に関する最終報告書（文書番号 CRC/C/JPN/CO/3）の第62項の冒頭において、「本委員会は、学校の期待する行動を取らない子供たちが児童相談所に送致されていることに憂慮する」と指摘してゐます。このことは、学校が扱ひに手を焼いて学校の言ふことを聞かない子どもを学校から排除するために、教育を受ける機会を子どもから奪つて児相に送致してしまふといふ違法な措置を繰り返されてゐることを明確に把握した上で、そのやうなことを繰り返さないやうに是正を求めてゐるのです。しかも、学校が児相に子ども排除することによつて得られる違法な利益と、児相が子どもを一時保護することによつて得られる利益とが共通してゐるために、これが繰り返されることになります。一時保護を効率よく行ふために、親が当然に一時保護に反対することが見込まれることから、子どもを家庭に帰宅させずに学校に待機させ、そのまま親の同意なしに直接に学校から児相に子どもを引き渡して拉致させることが全国的になされてゐることを指摘してゐるのです。

また、国連総会が平成22年に採択した「児童の代替的養護に関する指針」では、第3項で「家族は社会の基本的集団であると同時に、児童の成長、福祉及び保護にとって自然な環境であるため、第一に、児童が両親…の養護下で生活できるようにし、又はかかる養護下に戻れるようにすることを目指して活動すべきである。」とし、第14項では「児童を家族の養護から離脱させることは最終手段とみなされるべきであり、可能であれば一時的な措置であるべきであり、できる限り短期間であるべきである。」としてゐますが、厚労省も児相も全く聞く耳を持たないやうです。

四　児相による親の代理人資格の制限

1　子ども虐待対応の手引き

厚労省は、平成11年3月29日付け児企第11号の『子ども虐待対応の手引き』（手引き）により、全国の児相に対して運用指針を発出しました。しかし、これを発出する明確な権限はなく、しかも、ここに書かれてゐることは法令に基づかない内容も多く、このやうな法令に根拠のない事項に基づいて児相が運用してゐること自体が違法なのです。

手引きが「子ども虐待」に対応するといふのであれば、親による児童虐待だけでなく、施設内虐待などについても言及されてゐなければなりませんが、児童虐待だけに限つた偏頗なものです。

ともあれ、親が代理人を選任して一時保護されてゐる子どもに関して児相と面談する場合、民法、行政関係法等の法令において、特別の定めがない限り、親の代理人選任権や代理人資格が制限されることはないのですが、児相は、手引きをさらに違法に解釈運用して、親の代理人資格を制限できる権限があるとして違法な解釈運用を行つてゐます。

親の代理人の資格等について制限するやうな行政指導がなされてゐるのかについて、弁護士法第23条の2に基づく照会に対する厚生労働省こども家庭庁支援局虐防対策課長の令和5年5月29日付け回答によると、「親権者等の代理人について定めたものはございませんが、保護者が児童相談所との面談に第三者を同席させることを希望する場合については、「子ども虐待対応の手引き」（平成11年3月29日付け児企第11号）141頁 第6章5．（3）④において、「保護者との同席要求について、児童相談所が話し合うべきは保護者であって支援団体ではないことから、基本的に応じる必要はない。ただし保護者が支援団体に支援を要請し保護者にとって精神的な支えになっている場合、支援団体の人員がいなければ保護者との話し合いができないこともある。その場合、冷静な話し合いが成立する条件を満たす範囲で、入室を許可することを検討する。

こうした場合であっても、基本的に児童相談所が話し合うのは保護者であること、話し合う内容は子どもの安全であり、この点につき論点をずらさずに話を進めることが、保護者にとっても子どもにとっても大切である。」（一部抜粋）とお示ししており、これを参考し各児童相談所において適切にご判断いただいているものと認識しています。」と回答してゐます。

つまり、これは、代理人ではない支援団体の同席について、「入室を許可することを検討する」と述べてゐるだけで、「親権者等の代理人について定めたものはございません」として、親の代理人の資格制限を児相ができる権限がないことを認めてゐるのです。こども家庭庁といふのは、実際のところ何の仕事もしない散官遊職《さんかんゆうしょく》の部署であり、こんな要領を得ない回答しかできず、全国の児相に好き放題をさせることを放置してゐるだけで、児相が親の代理人を弁護士に限定して運用し、弁護士以外の第三者を代理人に選任して同席を求めても一切これを認めずに完全に排除してゐる違法行為について黙認してゐるだけなのです。

2 地方議員等の代理人の排除

親が、児相に一時保護された子どもを返してもらふために、親に寄り添ってもらつてゐる地方議員を代理人として選任するのには理由があります。

それは、政務調査活動の一環として、児相による措置の合法性、相当性などを行政的見地から判断してもらふ専門家として、親と子どもの個別的解決のための改善案、解決案を提案してもらひ、さらに、今後の児相の運用についての問題点を指摘して、児相の運用を適正、公正なものにするための方策を地方行政に反映してもらふ目的で地方議員を代理人に選任するためです。

しかし、その申し入れは悉く児相の秘密主義、閉鎖主義によつて拒絶されます。地方議員その他の支援者のボランティアなどの第三者を代理人とすることは拒絶され、弁護士以外の代理人は一切排除する違法状態が常態化してゐるのです。

弁護士には法律上の守秘義務がありますが、その他の人にはありません。そこで、守秘義務を守ることを誓約する文書を差し入れることを承諾する旨を申し入れても、それでも代理人として認めず、面談の立会を認めません。

守秘義務に関して問題があるとするのではなく、そもそも弁護士以外の代理人をすべて拒絶するのです。

訴訟代理人のやうに、弁護士でなければ原則として代理人になれないことが法律で規定されてゐる場合がありますが、児福法や児虐法その他関連法令で、児相に対する親の代理人資格が限定されてゐる規定はありません。

児相に対して、それでは、逆に、弁護士であれば代理人として認めてゐるのは、どういふ法的な根拠に基づくものかと質問しても、児相はこれに答へられないのです。

代理人選任権とは、誰の許可も不要なもので、代理人を選任する行為を授権行為と言ひますが、授権行為は単独行為と言つて、本人が一方的に意思表示すれば成立するものです。その代理人との間で具体的な内容を取り決めるためには、親と代理人との間で委任契約が必要ですが、代理人を選任する行為は、あくまでも親が一方的にできるもので、代理人選任について相手方（児相）の承諾は不要なのです。

児相としては、地方議員や支援者のボランティアの人が代理人となつて、親のために、親と同席して児相からの説明を聞き、協議することを避けたいのは、特に、地方議員が代理人となる場合は、児相の一時保護に関する業務の制度的な欠陥などを具体的に行政機関等に指摘される可能性があり、その欠陥等が支持者である住民の民生の安全と安定を害すると判断されたとき、地方議会で一般質問の議題とされるなどによつて、この問題が広く世間に周知されることを阻止したいためなのです。

ところが、児相が地方議員を代理人として認めないのは、現在、一時保護がなされてゐる子どもについてであり、一時保護が解除された後の子どもについて、その後の生活状況に関しては、地方議員を代理人として認めて面談に立ち会はせるのです。

しかし、これは全く辻褄が合ひません。一時保護解除後でも、子どものその後の生活状況いかんによつては、再び一時保護の対象とされるはずであり、一時保護の解除前と解除後とで代理人として認めるか否かを峻別することは論理矛盾です。要するに、児相は、そのときの思ひ付きや出任せで判断してゐるだけなのです。

五　児福法第27条及び第28条の手続

1　児福法第27条

児福法は、一時保護の期間について、その開始日から2か月を超えてはならない（児福法第33条第3項）とし、さらに、これをさらに2か月毎に更新できる規定になつてゐます。ただし、一時保護が何度も更新を重ねて長期化することが予てから社会問題になつてゐたことから、更新する場合は家裁の承認を得る必要があることに改正されました（同条第5項）。

そのため、児相は、2か月の満了日まで一時保護を解除して、同日に再度一時保護をして、家裁の承認手続を回避するといふ姑息なことまでしたことがありました。最近では、更新承認手続をする場合もありますが、事務処理を円滑にして2か月以内に児福法第27条第1項第3号によつて、児童養護施設等への入所をさせる手続をとることが多くなりました。

しかし、子どもを児童養護施設等に入所させるためには、親の同意が必要となりますので、親の説得をしなければなりません。
入所措置とは、子どもがさらに長期間に亘つて帰宅できずに親子がともに暮らせなくなることですから、当然、親としては不満であり承諾できないことからその同意書を提出しないことになります。

2 児福法第28条

そうすると、児相は、児福法第28条第1項第1号により、児童養護施設等への入所措置（同法第27条第1項第3号）をとるために家裁の承認審判を求めます。

児福法第28条第1項には、このやうに規定してゐます。

「保護者が、その児童を虐待し、著しくその監護を怠り、その他保護者に監護させることが著しく当該児童の福祉を害する場合において、第27条第1項第3号の措置を採ることが児童の親権を行う者又は未成年後見人の意に反するときは、都道府県は、次の各号の措置を採ることができる。

一　保護者が親権を行う者又は未成年後見人であるときは、家庭裁判所の承認を得て、第27条第1項第3号の措置を採ること。
二　保護者が親権を行う者又は未成年後見人でないときは、その児童を親権を行う者又は未成年後見人に引き渡すこと。ただし、その児童を親権を行う者又は未成年後見人に引き渡すことが児童の福祉のため不適当であると認めるときは、家庭裁判所の承認を得て、第27条第1項第3号の措置を採ること。」

ここにおいて、同第1項本文に、「保護者が、その児童を虐待し、著しくその監護を怠り、その他保護者に監護させることが著しく当該児童の福祉を害する場合」とありますが、一時保護がなされたときに、仮に、過去に児童虐待があつたとしても、少なくとも2か月の一時保護の期間中に、その障碍となつた事由が全く改善されずに親子の再統合が不可能である事態が続くことは通常あり得ないのです。もし、その障碍が継続してゐるとすれば、面会・通信が遮断されて、児相がそれを妨害してゐたことが原因なのです。通常であれば、2か月もあれば、「保護者が、児童を虐待し、著しくその監護を怠り、その他保護者に監護させることが著しく当該児童の福祉を害する場合」といふ状況は、面会・通信がなされてゐれば、殆どのケースにおいて解消されるはずです。これが解消されないのは、面会・通信を禁止してゐる児相の責任であり、その責任転嫁のために児福法第28条第1項第1号の措置をとることは到底許されることではないのです。

もし、児童虐待があつたとしても、監護を怠つた事実があつたとしても、それは過去の事実であり、現在的な事実ではありません。そのため「その児童を虐待し」及び「著しく監護を怠り」といふ過去に存在したと同様の事実が現在もなほ継続し、改善されず、あるいは再発する蓋然性が極めて高いと判断される事実があることや、「その他保護者に監護させることが著しく当該児童の福祉を害する場合」であるとする事実を示す証拠を提出して、これらの事実が存在することを児相が証明しなければならないのです。

しかし、児相は、過去の事実が存在したことだけで児福法第28条第1項第1号の措置の審判を家裁に申し立て、家裁もそれを鵜呑みにした遣つ付け仕事で承認してしまふのです。

3 監視制度の不存在

形式上は、児相の運営に関して、児童福祉審議会等の諮問機関などが存在しますが、これらは、児相側に偏つたイエスマンの委員で構成されてゐるために、チェック機能が全く果たされず、そのまま児福法第28条第1項第1号の措置により家裁の審判請求がなされ、家裁もまた、裁判官の使命を忘れて児相の言ひなりに審判するといふ極めて堕落した制度運用がなされてゐるのです。

児相関連施設で施設内での子どもに対する虐待が頻繁に起こつてゐますが、これらは氷山の一角にすぎず、事件が報道される程度にならなければ警察も手を付けません。警察は、児相に児童虐待通告をして丸投げして引き受けてもらつてゐる立場ですので、児相を摘発すると、今後の児童虐待通告の連携に支障と矛盾が生じてしまふからです。

児相は、都道府県（政令指定都市などを含む）が設置してゐる機関ですから、自治体内部の組織に対して他の組織が敵対的な監視をしたり調査をする制度はありませんし、自浄作用も期待できません。本来であれば、警察がそれを担ふはずですが、警察と児相との癒着があるために大きな期待もできません。自治体の首長には大きな権限がありますので、英断を持つて実行すれば可能ですが、今まで、児相問題の理解をできる首長は一人もゐませんでした。

残るは、地方議会と地方議会議員です。議会としては、１００条委員会、すなはち、地方自治法第１００条の調査、条例の制定、特に、児相業務についての調査機関の設置等に関する条例等の制定などによつて、児相の運用について透明性を高めれば、施設内虐待（施設内犯罪）を防止し、一時保護された後の児相関係施設内における子どもに対する様々な権利侵害の予防効果があり、国政に対する児福法及び児虐法の改正提案を行ふ契機ともなりえます。また、これまで長年に亘り児相問題に取り組んでゐる個々の地方議員においても、これに向けての様々な活動が期待できるのです。

4　児童福祉施設の無能力

ある事例ですが、子どもに情緒障害の疑ひがあるとして、児相が児福法第27条による情緒障害児短期治療施設（現・児童心理治療施設）に入所させる必要があり、数か月間で治療が終はるので入所措置が解除されて直ぐに家に帰ることができるといふ説明を信じて、親がこれに同意したのですが、いつまで経つても帰宅できないので、措置を解除して直ぐに帰宅させるか、しかるべき病院で検査してもらつて改善させたいと親が申し入れると、児相は、いきなり児童養護施設に入所先を独断にて変更したことがありました。

もともと、児童福祉施設とは、疾病を治療する施設ではなく、病院でもないのに治療施設と名乗つてゐます。これは、食事をさせて寝泊まりさせるだけの閉鎖的な収容施設に過ぎず、治療と言つても、外部の医療機関に丸投げですから、どこに入所しても殆ど変はりはないのです。全く偽りの看板を掲げてゐる無能の収容施設なのです。

ところで、このケースでは、児童養護施設に入所替へしただけで、これまで以上にリストカットなどを繰り返す行為がさらに酷くなつたので、治療施設ではなく増悪促進施設なのです。情緒障害児短期治療施設では何ら有用な医療措置はなされてをらず、児童養護施設に入所替へして、病院に通院させることになつただけなのです。

この事件は、面会及び通信の全部制限処分の取消訴訟でしたが、先ほども述べましたが、情緒障害児であれば、なおさらのこと、面会・通信を制限せずに頻繁に行はせることによつて家族の絆を確かめさせることが症状の改善に寄与することができるといふ当たり前の理屈が、血が通はない児相と裁判所には理解できなかつたのです。

5 「振り返り」の強要

どこの児相でも「振り返り」といふ言葉をやたらに使ひます。振り返りとは、過去を顧みるといふ意味の筈ですが、児相の使ふ振り返りの意味が違ひます。それは、児相が子どもを一時保護したときの児相が描いた創作物語（フィクション）を親に認めさせて、その虚構に基づいて自己の行為が全面的に誤つてゐたと反省させ、児相に屈服しろといふ意味です。児相は親を屈服させることを至上命題として仕事をしてゐます。虐待親であると認めさせてマウントをとらないと気が済まないのです。

考へ方を児相の言ふとほりに変へることであり、過去を「振り返る」のではなく、考へ方を「振り替へる」ことなのです。

もし、それをしなければ、成人になるまで子どもは返さないといふ脅しで「振り返り」（振替）を強要し、子どもを人質にして迫るのです。

振り返りを認めれば、子どもが帰ってくるかもしれないと期待を抱かせて、ついついその手に乗って振り返りをすると、待ってゐるのは無間地獄です。今まで嘘をついてゐたことを痛烈に批判されます。長い間嘘をつき続けて来たので、今後は心を改めますと言っても、振り返りしたことも嘘である可能性があるので、簡単には信じることはできないので、子どもは直ぐには返さない、会はせない、と言って、さらに同じ話と説教を繰り返されて攻め立てられます。

真実を語り続けるか、児相の嘘を受け入れるかのいづれを選択しても、児相は子どもを返してはくれません。

六 親権と措置権

1 児福法第33条の2第4項と同第47条第5項前段

児福法第33条の2は、一時保護された子どもに対して、児相が子どもに対して行ふことができる「措置」などについて規定してゐます。

そして、同第3項は、親が児相の行ふ「措置を不当に妨げてはならない。」とし、同第4項では、その「措置は、児童の生命又は身体の安全を確保するため緊急の必要があると認めるときは、その親権を行う者又は未成年後見人の意に反しても、これをとることができる。」とあります。

また、児福法第47条でもこれと同様の規定があり、児童養護施設等の児童福祉施設に入所した子どもについても、その施設の長や里親などは同様の「措置」をとることができるとし、同条第4項では、親は施設長等の行ふ「措置を不当に妨げてはならない」とし、同第5項前段では、その「措置は、児童の生命又は身体の安全を確保するため緊急の必要があると認めるときは、その親権を行う者又は未成年後見人の意に反しても、これをとることができる。」とする同じ規定があります。

2 「緊急の必要」について

これらの規定は、児相や施設長ら（児相ら）には、子どもに対する措置を行ふ権利を定めてゐるもので、これを措置権と呼称すると、この措置権と親の親権の関係がどうなつてゐるのかについて検討する必要があります。

措置権は、親権を否定したり、親権に優越する権利ではありません。親権を否定したりするには、民法の規定（第８３４条以下）に基づいて、親権喪失または親権停止の審判がなされなければならないからです。それゆゑ、これらの規定は、親権と措置権が併存することを前提としたものであり、一時保護や施設入所等によつて、親権は、措置権によつて少なからず影響を受けることを定めたものとなります。

しかし、緊急の必要のない通常の措置の場合については、親は児相らの「措置を不当に妨げてはならない」とあることから、これは親と協議をした上で措置を行ふことを想定してゐるはずです。そして、児相らの措置に親が反対することが「不当」であると判断される場合は、措置権が優先するといふことなのです。一方的に措置が無条件で優先するといふことではないはずです。

しかし、親の反対が「不当」であることを判断する第三者機関が存在しません。もし、不当であるか否かを児相の意思のみで判断ができるとすれば、この規定は無効です。なぜならば、民法第１３４条には、純粋随意条件について、「停止条件付法律行為は、その条件が単に債務者の意思のみに係るときは、無効とする。」とあることから、その適用の有無の判断について一方だけに生殺与奪の権があるとすること、つまり、児相の意思だけでそれが決まるとするのは無効なのです。

ですから、いづれにしてもこれは建前の条項で全く実効性がありません。不当か否かの判定は訴訟によらざるを得ないことから、それまではすべて児相の判断によつて進められますので、全面的に適正手続の保障を否定したもので、このやうな規定は違憲違法なものなのです。

では、「緊急の必要」がある場合はどうでせうか。たとへば、一時保護所や児童福祉施設で、子どもが重い急病に罹り、あるいは、大怪我をして緊急に入院して手術を受けなければならない場合は、一刻一秒を争ふことなので、緊急性、補充性がある場合は、明文規定がなくても、原則として親の同意は不要となります。このことは、一時保護の場合に緊急性、補充性が満たされる場合は子どもと親の同意が不要であることと同じだからです。

しかし、そもそも、緊急の必要がある場合に、それを直ちに親に連絡することがなければ、それが親の意に反してゐるか否かの判断はできませんので、この規定は、緊急の必要がある事態においては、児相らは、直ちに親に連絡してその対応の是非を求めることを義務付けた規定として解釈されることになります。

　しかし、実際は、児相らが、事前または事後に速やかに子どもの緊急事態等についての情報提供を行つて説明責任を尽くすことは一切なく、その協議すらなされずに全て秘密にして知らせないのです。児相らは、外部からの調査がなされないことから、組織的に隠蔽体質になつてゐる上に、子どもの近況、医療措置、投薬状況、学習状況、学業成績など一切の子どもに関する情報は勿論、災害時における子どもの安否情報を直ちに提供することを義務付ける明確な規定も制度もないために、さらに隠蔽体質が強固なものとなつて行くのです。

　阪神淡路大震災や東日本大震災などの災害において、児相関係施設が被害に遭つても、子どもの安否情報すら一切提供しないといふ非道な組織が児相なのです。

　すべて秘密裏になされる措置が親の意に反するか否かを判断することは全く不可能なので、このやうな規定は全くの絵空事です。

　つまり、いかなる措置についても、緊急の必要があるか否かによつて区別されることなく、すべての措置は親権を侵害してなされ、事実上、親権停止がなされてゐる状態なのです。

3 薬漬け

児相らの違法行為は、以上のことに留まりません。

児相らとしては、怪我や疾病などによる医療的な措置について、緊急の必要があるか否かを問はず、最高裁が求めてゐるインフォームド・コンセントの制度(最二小判昭56・6・19判時1011号54頁)を遵守すべきですが、これを全く無視してゐます。また、セカンド・オピニオンの制度についても、児相らはこれを一切行はず、裁判所もこれをすべて無視し続けてゐます。

先ほど述べた精神保健法でも、インフォームド・コンセントの制度が保障されてゐるのですが、子どもは精神障害者等よりも手続保障がされてゐない扱ひの存在なのです。これは、身障者差別ではなく健常者差別といふ逆差別です。

そして、成人についても副作用や依存性の問題があり、子どもに投薬することの安全性についての治験データがなく、安全性に問題のある向精神薬やワクチンなどを親の同意なくして子どもに投薬して薬漬けにしてゐる事案が多くあります。

十年以上前の事案ですが、児童養護施設において、一人の子どもに、①オーラップ、②ミラドール細粒、③デパス、④リスパダール、⑤レキソタン、⑥デプロメール、⑦メプチン、⑧オノン、⑨ルボックス錠、⑩重質（カマグ一般名酸化マグネシウム（カマ）、⑪レボトミン、⑫タスモリン、⑬ベンザリン、⑭ラキソベロン、⑮ホクナリン、⑯セルテクト、⑰キュバール、⑱アーテン、⑲強力レスタミンコーチゾンコーワ軟膏、⑳亜鉛華軟膏を継続的に大量投薬した事案がありました。このうち、特に、統合失調症等に対する向精神薬として使用され、その副作用として薬害依存性があるものは、②、③、④、⑥、⑨、⑪、⑫の7種類であり、また、向精神病薬の副作用が生じうる薬害性パーキンソン症候群に対する薬は⑱です。つまり、副作用の防止するためにこれまた副作用のある薬を投与してゐるのです。小児に対する安全性が確立されてゐないものは、②、④（使用経験がない）、⑤、⑥(使用経験が少ない）、⑦、⑧、⑨(使用経験が少ない)、⑫、⑱、⑲（発達障害のおそれあり）、⑳（調査未実施）の11種類ですが、これらの投与は極めて危険性が高いものでした。

これによつて子どもを廃人化させる危険があるのですが、このやうな薬漬けの傾向は今もなほ全国の児相などで行はれ続いてゐるのです。

予防接種法第9条は、改正により接種義務を否定して、努力義務を定めた規定ですが、接種義務が否定されたにもかかはらず、先天的障害を抱へた乳児に接種させることを躊躇ひ、子どもが接種の禁忌者ではないことの医学的知見を示してほしいとした親に対して、子どもに接種させないことを児虐法第2条第3号の育児放棄（ネグレクト）に該当するとして、民法第834条の2の親権停止の審判を申立て、親の態度が同条の「父又は母による親権の行使が困難又は不適当であることにより子の利益を害するとき」に該当するとして家裁が安易に認めるといふ驚愕すべき事例あり、これと同種の審判が数多く存在するのです。

児相らには、一時保護所や児童養護施設などの児相関係施設内で虐待があつても、これを組織的に隠蔽する体質があるにもかかはらず、これらを監視、調査して是正をさせる公正・中立の機関や制度がないために、児相らはやりたい放題なのです。

一時保護処分についての審査庁に対する審査請求や家裁の児福法28条（措置請求）の承認審判及び行政事件などでは、隔離された親子の再統合を実現する可能性が皆無に等しい状況にあります。インフォームド・コンセントの制度やセカンド・オピニオンの制度についても、裁判所自体がこれを完全に無視して採用しないため、公正な裁判なるものは幻想に近く、いまや裁判所は、児相らの主張をそのまま採用するだけの傀儡機関に等しいのです。

4　教育を受ける権利及び教育権の否定

児相らの違憲違法行為は枚挙に暇がありませんが、以上のことに加へて、さらに重視しなければならないことがあります。それは、子ども教育を受ける権利及び親の教育権を児相らが侵害する事例が多くみられることです。

子どもの教育を受ける権利及び親の教育権は、憲法第26条で認められてゐる憲法上の権利であり、重要な親権事項ですが、児相らは、これを措置権の行使に含まれるとして完全に無視します。

児相らによる子どもの拉致は、長期化してゐますので、その期間中に進学する時期が来る事例が多くあります。進学するのは、学齢で決まりますから、その時期は当然予測されたことなのです。決して「緊急の必要」があるものではないことは勿論ですが、児相らは、子どもの教育を受ける権利及び親の教育権を尊重して、施設等から通学する進学校の選定などについて、子どもの意向と親の教育方針とを踏まへて、それを尊重して真摯に協議する必要があります。

ところが、児相らが親と子どもとの面会・通信を禁止してゐる場合は、子どもの意向も親の教育方針も、親子間で協議することや、それぞれの意思を確認することができないため、そのことを理由に面会・通信の禁止措置の解除を求めても児相らはこれをも一切拒絶するのです。

さうして、進学については、児相らの独断によつて決められ、親に代はつて児相らによつて就学契約を締結します。

この就学契約の締結について、児相らは、通常の措置として正当に締結したものであるから、これに反対することは、「措置を不当に妨げてはならない。」との規定に反するので、児相らのなした就学契約は適法であると強弁するのです。

また、進学の場合だけでなく、一時保護された子どもを親の同意なく児相にとつて都合のよい学校に勝手に転校させたり、そこに親が行つて子どもと面会する可能性があるとして、子どもを通学させないといふことまでします。

つまり、児相らは、これによつて、進学、転校など、子どもの教育を受ける権利及び親の教育権を全否定する違憲行為を平気で行つてゐるのです。

5　包括委任の強要

このやうに、児相らは、違憲違法行為を平然と行ふのですが、やはり負ひ目があるのか、親に対して、児相らがすべての措置を行ふことについて、事前に包括的な先行的同意と委任を求め、これがあれば、今後親からの一切の抗議ができなくなるとして、そのやうな工作をしてきます。

それが包括的承諾書の要求です。緊急の必要があるか否かとは無関係に、施設内でなされる一切の措置について異議を述べずに包括的に事前に承諾させる内容の文書に署名押印することを要求してくるのです。これは、親権の放棄ないしは親権の全面委任にも等しいもので、これがあれば、親は児相らに一切の口出しができなくなり、災害時の安否情報を含む子どもに関する一切の情報の提供を求めないことに承諾することになり、親子の完全隔離、完全分断を認めてしまふことになるのです。

しかも、この文書の差し入れに抵抗する親に対しては、そのやうな態度を続けると、今後も子どもに面会・通信することは完全にできなくなり、子どもが帰つて来なくなるが、それでもよいのか、と脅します。

そして、そのやうな事態になることを恐れて承諾書を提出してしまつても、子どもとの面会・通信はその後も認められず、子どもが早期に帰ってくることもありません。脅されて騙し取られた結果になるだけです。

七　親権の停止と離婚の奨励

1　親権の停止

児相が、その方針に逆らふ親に対しては、強引に親権停止を申し立てる事例が多くなつてきました。

平成21年5月に法務省が「親権の一時停止」の制度を検討してゐることを発表しましたが、これは実現しなかつたものの、児相は既にその先取りとして、児福法第33条の2と同第47条に基づいて、措置権を濫用して、親権の停止、親権の剥奪を実質的に行つてゐます。

前述したやうな、予防接種を拒否したことをネグレクトであるとして、民法第８３４条の２の親権停止の審判を児相らが申立てた事案は極端な事例ですが、それ以外にも、児相の「振り返り」を頑なに拒否する行為を、「父又は母による親権の行使が困難又は不適当であることにより子の利益を害するとき」に該当するとして親権停止を求める事例もあります。

振り返りをせずに、児童虐待ではないと自己の信念に基づいて主張し続けることは、今後においても同じ児童虐待ことを繰り返す意思があることを示してゐるとして、親権行使が著しく不適当であるとこじつけるのです。

そして、親権停止が実現すれば、児相らの言ひなりになる職務代行者を選任して、児相らの思ふとほりの措置を取り続けます。

児相がこの親権停止の方針を採用する場合は、親夫婦の考へが一致してゐるときであり、親夫婦2人揃つて親権停止をしてしまふ荒業を行ひますが、親夫婦の意見が対立してゐる場合には、次の離婚の奨励の方法をとることになります。

2 離婚の奨励

児相らは、親権停止によつて自己の思ふ通りにすること以外にも、夫婦の対立・紛争を奇貨として、あるいはそれを煽つて、児相の方針に反対する配偶者を排除してその親権を剥奪し、児相の言ひなりになる配偶者に親権を取得させるやうに家裁に申し入れるなどして離婚を奨励します。

児相の言ひなりになる配偶者から離婚を申立てさせ、それが成功して離婚になれば、言ひなりになる配偶者（親権者）に子どもとの面会・通信を許すとの条件を押しつけるケースが増えてきました。

離婚は、夫婦の問題であり、親子の問題ではありません。それゆゑ、離婚によつて一方の配偶者の親権を剥奪するのは、それは民法第834条及び同第834条の2の親権喪失及び親権停止の場合と同等の事由が要求されるべきです。親権を濫用してゐない一方の配偶者が離婚だけを理由として親権が剥奪されることに合理的理由がありません。これは、個人としての尊重がなされず、法の公平、平等な運用を求める憲法第13条、第14条に違反するのです。親であることが親権の根拠となるのであれば、離婚後の共同親権だけでなく、認知後の共同親権も認められるべきですが、現行法はそのやうにはなつてゐません。

しかし、児相は、夫婦の問題である離婚と親子の問題である児童虐待とを一体のものとして処理しやうとします。児虐法第2条の「児童虐待」の概念を際限なく拡大し、夫婦間の紛争の煽りを子どもが受けたことによつて第3号の育児放棄（ネグレクト）の被害を受けたとか、第4号の心理的虐待を受けたとして、虐待の概念を際限なく拡張させ、児相利権を拡大し続けるのです。

児相としては、意見の異なる夫婦を離婚させ、児相の言ひなりになる親を親権者にすれば、その後は児相が思ふとほりになります。児相と対立してきた親には、親権がなくなりますので、以後は相手にする必要がなくなるので、児相にすれば一石二鳥なのです。

そのために、離婚後の共同親権や認知後の共同親権の方向には、児相はこれに反対します。これが認められると、離婚奨励等の作戦が使へなくなり、離婚後は、意見のことなる2人の親の双方に対応しなくなり、手間が増えると考へてゐるからです。

第三　児福法及び自虐法の問題点

一　「児童虐待」と「虐待」の概念

1　「児童虐待」の定義について

これまで述べてきたとほり、児虐法の虐待概念には2種類あり、一つは、「児童虐待」であり、もう一つは「虐待」です。

このうち、「児童虐待」とは、児虐法第2条の4つの態様による親による子どもへの虐待行為であり、「虐待」とは、同法第3条でいふ、親以外のものによる子どもへの虐待行為のことです。

親の虐待行為を「児童虐待」と言ひ、それ以外の者の虐待行為を「虐待」と呼ぶことは誤解と混乱を生みますので、児童虐待を「2条虐待」、その他の虐待行為を「3条虐待」と呼称した方がよいのかも知れません。

児童虐待については、これまで説明してきましたが、児童虐待とは、

⑴　身体的虐待（児童の身体に外傷が生じ、又は生じるおそれのある暴行を加えること）

⑵　性的虐待（児童にわいせつな行為をすること又は児童をしてわいせつな行

為をさせること）
⑶　育児放棄（ネグレクト）（児童の心身の正常な発達を妨げるような著しい減食又は長時間の放置、保護者以外の同居人による前二号又は次号に掲げる行為と同様の行為の放置その他の保護者としての監護を著しく怠ること）
⑷　心理的虐待（児童に対する著しい暴言又は著しく拒絶的な対応、児童が同居する家庭における配偶者に対する暴力（配偶者（婚姻の届出をしていないが、事実上婚姻関係と同様の事情にある者を含む。）の身体に対する不法な攻撃であつて生命又は身体に危害を及ぼすもの及びこれに準ずる心身に有害な影響を及ぼす言動をいう。）その他の児童に著しい心理的外傷を与える言動を行うこと）
の４種類が定義されてゐます。

２　定義のない「虐待」について

児童虐待（２条虐待）は、親（保護者）が行為主体となりますが、育児放棄の場合は、子どもを監護しない「同居人」も行為主体となり、心理的虐待の場合は、子どもを監護しない「内縁者」も行為主体に含まれるといふ複雑な構造になつてゐます。

これに対し、虐待（3条虐待）には、虐待の定義がありません。単に、「何人も、児童に対し、虐待をしてはならない。」とあるだけで、虐待と児童虐待との態様の区別がされてゐません。

身体的虐待と性的虐待は、親や同居人、内縁者に限定する必要がないものですから、虐待の概念と児童虐待の概念と同じであると解釈することができますが、厳密には定義がないので何とも言へません。また、育児放棄については、「虐待」の概念に含まれないやうにも思はれがちですが、児相や児童福祉施設が子どもを支配下におけば、「児童を現に監護するもの」に該当することになります。

さらに、心理的虐待についてですが、「児童に対する著しい暴言又は著しく拒絶的な対応」といふのは「虐待」に当然に含まれますが、「児童が同居する家庭における配偶者に対する暴力」といふのは、適用外であるものの、「その他の児童に著しい心理的外傷を与える言動を行うこと」については適用があるはずです。

しかし、これらは、定義がないので、あくまでも解釈ですが、虐待は、児童虐待と原則として同じ定義と態様であると理解することに合理性があります。

いづれにしても、虐待の定義がされてゐないことは、児相関係施設内で職員が子どもに対する虐待をすることはあり得ないといふ、自画自賛による手前味噌な性善説と官尊民卑の思想によるものであり、施設内虐待（施設内犯罪）が繰り返されてゐる現実が全く見えてゐない法律が児虐法なのです。児福法と児虐法は制定以後に盛んに改正され、児相権限の強化のみがなされただけで、施設内虐待（施設内犯罪）が問題となつた以後において、これに対応するものとして、子どもの被害防止、被害回復、違法行為者の処分、一時保護及び面会・通信の制限の義務的解除の措置などに関する規定が全く追加されない偏頗な改正がなされてきたのです。

平成17年に成立した「高齢者虐待の防止、高齢者の養護者に対する支援等に関する法律」でも、「高齢者虐待」とは、養護者による高齢者虐待及び養介護施設従事者等による高齢者虐待を意味し、養護者と施設職員との区別なく一律に虐待を禁じてゐます。

また、平成23年に「障害者虐待の防止、障害者の養護者に対する支援等に関する法律」（障害者虐待防止法）が成立しましたが、「障害者虐待」の主体は、「養護者」のみならず、施設職員、職場の上司などであり、養護者のみの身障者虐待に限定してゐません。

にもかかはらず、平成23年の時点でも、児虐法が親の児童虐待のみを規制したままで、児童虐待と虐待との区別をなくして、子どもに対するすべての虐待を一律に定義して禁止し、それに対する同様の制裁等の対応を定める改正をしなかつたことは、異常であると言はざるを得ません。

二　子どもの被害者性と人権侵害

1　子どもの被害者性

児福法及び自虐法が確実に欠落してゐる視点があります。それは、子どもの全てが一時保護における被害者であるといふ点です。酷い児童虐待（犯罪被害者）の場合は、緊急性、補充性があるので、子どもの同意も不要ですが、それ以外の場合は、子どもからすれば、同意もしてゐないし、同意の意味も解らないまま、親から無理矢理引き離され生活の場所を変へられてしまふのです。児福法及び自虐法では、このことによつて子どもを「保護」したと言ひますが、一時保護による「第一次的被害者」は、紛れもなく何ら罪を犯さず非違行為をしてゐない子どもです。

この子どもの被害者性について、全く対応できてゐないどころか、子どもを加害者扱ひして不当に拘束するのが児福法であり児虐法なのです。

児福法は、一時保護とは子どもにどのやうな措置をとることが許されるのか、子どもの権利や自由がどのやうに保障されてゐるのか、子どもの権利や自由を制約することができるのか、といふ権限の範囲と制約についての具体的な規定が全くありません。保護と言ふからには、子どもの権利を保護するはずですが、実際の一時保護の運用は、一時保護された子どもの権利も自由も殆ど認めません。「保護」といふのは、「拘束」、「収容」であり、「一時」といふのは「長期」の意味に置き換へられてゐます。

また、「二次的被害者」は親です。仮に、児童虐待があつたとしても、殆どの親子関係は自律的に修復可能であるにもかかはらず、いきなり同意もなく令状にもよらずに子どもの身体を拘束する一時保護によつて子どもを拉致されて、親子関係を修復する可能性を奪はれて親権を侵害されるからです。

そして、児相は確実に子どもに対しては例外なく「加害者」なのです。加害者の加害行為を「保護」だとするのは、詭弁も甚だしく、児相は、子ども及び親の同意がない一時保護が合憲合法であることの立証責任を果たさなければ一時保護を行ふことはできないのです。

非行を犯し、または非行に陥るおそれのある子どもを早期に発見して、非行化の程度が進まないやうにするための少年補導の活動は、警察の所管ですが、これは、警察の少年係の警察官や少年補導センターの補導員によつてなされます。しかし、子どもの身体を拘束することは原則としないのです。

ところが、非行少年でもない子どもをいきなり一時保護の名で拘束され、その自由と権利を奪ふのは、非行少年を拘束しない少年補導と比較して、あまりにも手続と要件の均衡を欠いてゐます。

前述した警職法第3条の迷い子の「保護」では厳格な手続を求めてゐるのも、子どもの自由と権利の侵害を極力防ぐためなのです。

子どもの処遇について、警察の所管であれば、このやうな厳格な手続がなされるにもかかはらず、同じ時期に制定された児福法の一時保護では、児相に手続保障を完全に無視した運用を野放しにして、子どもの自由と権利を侵害するものであつて、一時保護された子どもは絶対的な被害者です。このやうな手続制度の運用は、明らかに違憲違法であり、到底容認できないものです。

2 法の下の平等違反

前に述べましたが、精神保健法によつて、措置入院の措置により強制的に拘束されて入院させられる場合の手続は厳格であり、逆に、精神障害者等のための様々な人権擁護の規定があります。入院中の患者の行動制限をする場合には厳格な条件がつけられてをり、面会・通信の自由が保障され、これに違反した者には罰則が科せられてゐるのです。

そして、警職法第3条の規定は、迷い子だけでなく、精神錯乱者または泥酔者などが他人の生命、身体、財産に危害を及ぼす者についても「保護」をしなければならないとされてをり、その者の人権保護のために、精神保健法と同様の趣旨で厳格な手続が規定されてゐます。

また、少年の健全な育成を図るため、児福法、警職法と同様に占領下の昭和23年に少年法が全部改正されましたが、これは、少年に対する刑罰主義から保護主義への大転換がなされたことによります。国は少年（子ども）に対する関係において究極的には、国が子どもの親であるとする「国親」（パレンス・パトリエ）といふ衡平法（equity）に由来する思想に基づくもので、扶助を要する少年（要扶助少年）、親が責任を果たさず放任されてゐる少年（放任少年）、非行を行ふ少年（非行少年）に対して親に代はつて保護をする責任があるとするものです。少年法の大改正は、この趣旨に基づいて、保護主義を徹底し、科学主義を採用して、少年の人権保障の規定を定めました。

非行少年（犯罪少年、触法少年、虞犯少年）の少年審判のために、少年の身柄を家庭裁判所の決定によつて観護措置がなされて拘束します。これは令状主義の原則に基づくもので、その拘束期間は原則として2週間であり、1回のみの更新が認められ、例外的には、禁錮刑以上の少年の刑事事件の場合は最長8週間となりますが、それ以上の延長は認められないことになつてゐます。

国親の思想によつて親の責任を果たすべき対象の少年（子ども）のうち、非行少年のみに限定したのが改正少年法であつて、要扶助少年と放任少年については、別の法律によることとなり、それが児福法でありましたが、非行少年に保障された令状主義や人権保障規定は児福法及び児虐法では完全に欠落してゐるのです。

つまり、少年法、警職法第3条、精神保健法は、人権保障のための厳格な手続を規定してゐるのに対して、児福法及び児虐法には、全くそのやうな規定を備へてゐません。

また、国親の思想によつて親の責任を果たす対象の少年のうち、放任少年は、児虐法の育児放棄（第2条第3号、ネグレクト）の子どものことです。そして、要扶助少年とは、その他の児童虐待である身体的虐待（第2条第1号）、性的虐待（第2条第2号）及び心理的虐待（第2条第4号）のすべての子どもなのです。少年法の立法対象から保護を外れたこれらの子どもが、少年法と同等の手続保障と人権保障を受けずに、児福法と児虐法によつて著しく不公正、不平等な待遇を受け、親から隔離されるだけで施設内虐待がなされる境遇に置くことは、全く国親の責任を果たしたことにはなりません。

一時保護の場合は、戦後の混乱期における戦争孤児や浮浪児の保護のためでしたから、混乱状況で通信手段も今とは違つて極めて不十分な時代であつたことと、親の推定的承諾から一時保護期間を2か月としましたが、これと比較すれば、人権保障手続を考慮した観察措置の拘束期間は2週間であり、大きな開きがあります。2か月といふのは、少年法で定める例外的な場合の8週間以上の期間です。しかも、一時保護の場合は、それを何度でも更新できるのです。

このことは、非行少年の保護の方が、罪もない一時保護の子どもの保護よりも格段に厚いといふことであり、著しく不均衡かつ不平等です。一時保護の子どもは非行少年以下に扱はれてゐるといふことです。

何度も言ひますが、一時保護がなされた少年（子ども）は、非行少年ではありません。また、精神障害者等でもありません。刑事被告人でもありません。にもかかはらず、児福法及び児虐法は、何らの非違行為もない子どもに対して、非行少年や精神障害者等、さらには憲法の手続保障がある刑事被告人よりも、そして、刑が確定した受刑者よりも冷遇されることになつてをり、法の下の平等に明らかに違反する法律であることは、少年法の全部改正の経緯と児福法等の規定を比較すれば、その相違の顕著さからして明らかなのです。

3 児童収容所

被害者である子どもが一時保護で拘束される場所は、被害者の子どもを保護するための開放された避難所でなければならないのに、子どもの自由と権利を否定して制限する収容所になつてゐます。

被害者として避難させるための一時保護所に移動させたのであれば、子どもが非行少年でも精神障害者等ではないのであれば、できる限り、これまでの家庭生活と同様の自由な行動が許されなければなりませんが、児相は、非行少年以上にその自由と権利を否定します。

親が児童虐待をしたとして、親に対して子どもと面会・通信を一時的に制約を科すのはやむを得ないとしても、子どもが親と面会・通信を希望するのであれば、その自由と権利は当然に保障されなければなりません。

通信は原則として制限されてはならないことは前に述べたとほりですが、親との面会を制約する場合であつても、親の兄弟や親戚、子どもの兄弟、さらには親の代理人などとの面会を制限することも子どもの自由と権利を侵害するものです。

これらのことは、児童福祉施設に移動した場合も同じです。

このやうなことを児相や施設が禁止することから、当然に子どもには不満が噴出します。その不満な気持ちがあるために少し反抗的になると児相や施設の職員に虐待を受けます。これが、施設内虐待（施設内犯罪）の原因であり、隠蔽体質のためにその極一部しか明らかにならないのです。

子どもに一時保護がなされると、これは「保護」ではなく「拘束」であり「収容」なのです。被害者の保護ではなく、加害者であるかのやうな扱ひを受け続けるのです。子どもが解放されるまでそれが継続するのであり、罪もない子どもは、二重三重の意味で被害者になつてゐるのです。

三　児福法第1条

1　教育環境の整備義務

家庭は、子どもが安住できる場所であり、子どもが家庭内で被害に遭ふのは例外的なことであるのに対し、子どもが学校などで、子ども同士からのいじめや児童虐待、教師による虐待や無視・排除などによつて、子どもが傷つくことの事例は圧倒的に多いのです。

ところが、例外的な児童虐待だけを対象として、子どもが学校などで虐待やいじめに遭ひ、暴力被害を受けることに対しては、全く対応できてゐません。

児福法第1条は、児童の権利に関する条約を批准した後に改正され、「全て児童は、児童の権利に関する条約の精神にのつとり、適切に養育されること、その生活を保障されること、愛され、保護されること、その心身の健やかな成長及び発達並びにその自立が図られることその他の福祉を等しく保障される権利を有する。」と定めてゐます。

つまり、「児童の権利に関する条約の精神にのっとり」、児福法を再構成するのであれば、一時保護等だけに特化した制度ではなく、子どもを取り巻く全体としての環境整備がなされなければならず、特に、教育環境の整備が最も重要なのです。

児童の権利に関する条約には、第28条に【教育についての権利】についての規定があり、教育環境を整備することが家庭への支援につながるとの認識が国において重要であり、学校における、いじめや虐待の防止対策、不登校の解消、その他の救済対策による教育環境の整備が必要ですが、児福法が厚労省の所管であり、教育関係は文科省の所管であるとする縦割り行政の弊害によつて、子どものための教育環境の整備と家庭への支援とが有機的に連結できてゐないのです。

2　児福法第10条以下

親の児童虐待を防止しそれに対処することだけが子どもの福祉ではありません。むしろ、親の児童虐待に勝るとも劣らない学校での虐待やいじめの防止対策、被害回復対策等を行ふ必要があるのです。児相としても、学校、教師、子どもに対する実体調査、指導等を行ふ必要があるのです。

現行の児福法でも、第10条以下において、市町村は、児童等の福祉に関し、実情の把握、情報の提供、相談、調査、指導、関係機関との連絡調整その他必要な支援を児相と連携して行ふことができることが規定されてゐるのですから、教育委員会等とは別の視点と目的により、学校、教師、被害を受けた子どもに対する調査等ができるのですが、市町村と児相はこれを全く怠ってゐるのです。

3 総合的な児童福祉行政

児福法は、親の児童虐待がなくなれば子どもの福祉が実現するとの考へですが、そのやうな歪な政策では子どもの福祉は到底実現できません。

一時保護をして施設入所させて、子どもを親と隔離することで子どもの福祉が実現できるといふのは、まともな政策から完全にかけ離れたもので、正気の沙汰ではありません。

何の落ち度もない子どもを親から引き離して隔離するだけで、子どもの将来の夢を打ち砕くことによつて、親を懲らしめる報復目的の論理で運用されてゐるだけです。

面会・通信を禁止して、親子の再統合の道を閉ざして親子を分断させるコロンタイの政策をそのまま忠実に行つてゐるだけなのです。

罪を犯して刑務所に服役してゐる囚人でさへ、外部との面会・通信は原則的に認められます。しかし、罪を犯してゐないのに一時保護により子どもと親の同意もなく拉致されて、さらに引き続き施設入所で監禁され続けてゐる子どもは、囚人以下の扱ひです。

児相が親に対して強要する「振り返り」を親が拒否すると、親だけでなく外部との面会を一切禁止されることになります。「振り返り」を親が拒否するといふ事態は、あくまでも親の事情であつても、子どもには何の関係もありません。親の児相に対する言動によつて、子どもは、希望しても親やその他親戚などの第三者とのすべての面会・通信ができなくなるのです。これは、子どもの人権を完全に侵害してゐるものであり、余りにも不平等、不公正なもので明らかに憲法違反です。この国は、それを裁判所も黙認する暗黒社会になつてゐるのです。

こんな制度は直ちにやめて、占領期そのままの児相を解体し、別の新たな組織に改組させて、将来を担つてくれる子どもを取り巻く様々な問題の解決のために、総合的な児童福祉政策のための立法化が焦眉の急務なのです。

第四　教育における懲戒権

一　懲戒と体罰

1　教育における懲戒、体罰の位置づけ

体罰は、教育における懲戒権の行使として位置づけられてゐます。学校教育については、学校教育法第11条が「校長及び教員は、教育上必要があると認めるときは、文部科学大臣の定めるところにより、児童、生徒及び学生に懲戒を加えることができる。ただし、体罰を加えることはできない。」と規定し、但書で体罰の禁止を定めてゐますが、本文において、教育には懲戒が不可欠であるとして、教師の懲戒権を定めた上、但書において、懲戒の種類のうちから体罰だけを政策的観点から禁止してゐるのです。後に説明しますが、このことからして、体罰は懲戒の一種ではありますが、政策的にこれを禁止してゐるだけで、理論的には、体罰は、理論的にも、教育における懲戒の一つなのです。

そして、一般的には、教育における懲戒権の中に含まれるものとしての、有形力の行使を伴ふ体罰、有形力を伴ふ教育的指導、有形力を伴はない教育的指導、その他の懲戒の概念があり、また、教育とは関連しないものとしての、い

じめ、児童虐待、虐待などの概念があるとされてゐます。これらすべての概念は、これまで明確な定義がなされてをらず、これらがどの点で共通し、どの点で相違するのかについては、全く定かではありません。その原因は、法律で具体的にこれらの定義がなされず、区別が判然としないことにあります。

後に詳述しますが、教師については、体罰を禁止した学校教育法第11条但書、親については、しつけにおける体罰を禁止した児虐法第14条、親が「子の心身の健全な発達に有害な影響を及ぼす言動」（体罰）を行ふことを禁止した改正民法第８２１条、そして、児相の所長及び児童福祉施設の長について体罰を禁止した児福法第33条の２第２項後段及び第47条第３項後段がありますが、児相職員及び施設職員その他第三者の体罰は法律的には禁止されてゐないのです。このやうな整合性や統一性のない規定が、様々な法律に存在し、それらの定義も解釈も確定されてをらず、その運用において大きな混乱が生じてゐます。

2　教育懲戒権の歴史

古くは、欧州各国では、「学校に行くこと」と「むちで打たれること」とは同義であつたとされるやうに、教育における懲戒と体罰の関係は不可分一体のものとして切り離せないものでした。自由主義教育論を展開した「エミール」を書いたルソーですら体罰を容認してゐました。体罰を教育としての懲戒に含める思想的背景は「旧約聖書」にあります。子どもの矯正手段としての体罰は正当化されてゐたのです。体罰は、教育目的の矯正手段であるといふ伝統的な考へです。ただし、大陸諸国は体罰を禁止の方向へと向かひましたが、体罰禁止規定の国が少なかつた時代に、わが国は明治12年の教育令第46条で体罰の禁止を定め、明治33年の小学校令第47条でも体罰禁止を維持しましたが、懲戒自体は容認してゐました。

懲戒とは、一般に、不正、不当な行為を行つた者に対して集団の秩序を維持し回復させる等の目的でなされる制裁のことであり、教育における懲戒は、懲戒を受ける者の教育的進歩を目的としてなされるものです。

そして、体罰は、教育目的により子どもに加へられる有形力の行使によつて肉体的苦痛を伴ふ懲戒であり、教育指導の効果を上げる目的でなされるものを意味します。それによつて、教育的進歩と矯正が実現するといふものです。ただし、裁判例では、「肉体的苦痛を与へる懲戒」の全てを「体罰」としないものもあり、これはやはり定義の問題なのです。

昭和23年の法務庁法務長官調査意見回答の『児童懲戒権の限界について』では、体罰とは、「体に対する侵害を内容とする懲戒（なぐる、けるの類）、肉体的苦痛を与えるような懲戒（正座、直立など特定の姿勢を長時間にわたつて保持させる）、食事の不供与、酷使的作業命令」であると定義され、同年の法務庁法務長官通達の「懲戒の程度」によると、「身体に対する侵害、被罰者に肉体的苦痛を与えるような懲戒」とされてゐました。

さらに、昭和24年の法務庁通達（同年8月2日発表）の「生徒に対する体罰禁止に関する教師の心得」には、「①用便に行かせなかったり、食事時間が過ぎても教室に留めておくことは肉体的苦痛を伴うから体罰となり、学校教育法に違反する。②遅刻した生徒を教室に入れず、授業を受けさせないことはたとえ短時間でも義務教育では許されない。③授業時間中、怠けたり、騒いだからといって生徒を教室外に出すことは許されない。教室内に立たせる場合には体罰にならない限り懲戒権内として認めてよい。④人の物を盗んだり、壊したりした場合など、こらしめる意味で、体罰にならない程度に、放課後残したりしても差し支えない。⑤盗みの場合などその生徒や証人を訊問することはよいが、自白や供述を強制してはならない。⑥遅刻や怠けたことによって掃除当番などの回数を多くするのは差し支えないが、不当な差別待遇や酷使はいけない。⑦遅刻防止のための合同登校はかまわないが軍事教練的色彩を帯びないように注意すること。」とありますが、肉体的苦痛の有無と体罰との関係に矛盾が見られ、その判断に混乱があるものでした。

そして、昭和56年の東京高裁の体罰に関する逆転判決では、「社会通念上許される程度の軽微な力の行使は、教師に認められている懲戒権の範囲内の行為であり、体罰には該当しない。」とし、これが後述の平成21年4月28日の最高裁判所第三小法廷判決（平成21年最判）へと繋がってゐます。

ところで、厚労省は、検討会を開いて体罰禁止の具体的な指針を纏め、令和元年12月3日に発表したところによると、体罰の定義を、「子どもの身体に苦痛や不快感を引き起こす行為（罰）」としました。

そして、体罰の定義に該当する行為として、次の5例を掲げてゐます。
「① 言うことを聞かないので、頬をたたく。
② いたずらをしたので、長時間の正座をさせる。
③ 友達を殴りけがをさせたので、同じように殴る。
④ 他人の物を盗んだので、お尻をたたく。
⑤ 宿題をしなかったので、夕飯を与えない。
ただし、子どもを保護したり、第三者やに被害を及ぼすような行為を制止したりするための行為は除外。」

ここまで、国民を小馬鹿にし、親子関係の深層に容喙し、一挙手一投足まで監視する監視社会に向かふことの恐ろしさを感じざるを得ませんが、もし、懲戒の態様である体罰を禁止するのであれば、それは法律によつて明確な定義がなければなりません。禁止行為を定めるためには法定主義に基づかなければなりません。法律の委任もないのに、文科省ではなく厚労省が独断で禁止行為を定め、その概念を定義して解釈することはできないのです。そもそも、上記の5つは例示であつて、体罰の概念の定義ではないのです。

3　体罰絶対悪論

原理主義的な体罰否定論では、有形力の行使のすべてを違法な暴力であるとしますが、教育目的による懲戒及び教育的指導における有形力の行使を全否定すれば、懲戒及び教育的指導はできなくなります。有形力を伴ふ教育的指導を体罰と同視してこれを悪とし、教育目的である教育的指導から一切の有形力の行使を排除すれば、教育が成り立ちません。

体罰を単純に否定し、さらに、一切の有形力の行使を否定することによって教育上の効果を保つことができるのか否か、どこまでが懲戒で、どこからが体罰なのか、その質と量と態様で明確な線引きができるだけの基準があるのか、体罰と有形力を行使した教育的指導とを区別できるのか否か、などの議論を教育現場の事情を無視して行つてみても、何ら実りのあるものにはならず、納得できる結論は出ませんし、これらの概念の定義を確定させる困難さもあつて、永遠に続くことになります。

懲戒と体罰とが不可分一体となつてゐたものを、体罰だけを切り取ることが概念的に可能なのか、文科省の家庭教育として提示してゐる「しつけ」と「体罰」とを概念的区別ができるのか、教育目的のない児童虐待及び虐待と体罰とを概念的に区別できるのか、児童の権利に関する条約第19条の「身体的若しくは精神的な暴力」に体罰が該当するのか、「子の心身の健全な発達に有害な影響を及ぼす言動」（改正民法第８２１条）を体罰と定義しても、そんなものは本来の体罰の概念からは完全に外れてゐます。いまや体罰の概念は、神学論争に陥つてしまつてゐるのです。

体罰を絶対悪とする考へは、学校教育法第11条但書を法的根拠としてきたものですが、さうであれは、民法における親の懲戒には体罰を禁止する条項がないことの説明ができなかつたのですが、つひに改正民法第８２１条は、「親権を行う者は、前条の規定による監護及び教育をするに当たっては、子の人格を尊重するとともに、その年齢及び発達の程度に配慮しなければならず、かつ、体罰その他の子の心身の健全な発達に有害な影響を及ぼす言動をしてはならない。」として家庭体罰を禁止する規定を定めました。

しかし、この規定は、「体罰」を「子の心身の健全な発達に有害な影響を及ぼす言動」の例示としてゐるのですが、このやうなものは、体罰ではなく単なる暴行、脅迫に過ぎません。結局、最後まで体罰の概念を定めなかつたのです。

どのやうな行為態様を禁止してゐるのかについては、学校教育法第11条但書と同様に定かではないのです。

体罰について、教育的進歩を目的とし、その効果をもたらす有形力の行使であると定義すれば、これは「子の心身の健全な発達に有害な影響を及ぼす言動」ではありません。これを体罰であると定義して禁止されるのであれば、体罰の言葉を用ゐずに、これに代へて、有形力を伴ふ教育的指導といふ言葉に置き換へればよいだけなのです。

学校教育法第11条但書の規定は、GHQによつて政策的に作られたもので、論理的かつ科学的な価値判断に基づくものではありません。もし、体罰が絶対悪であるとすれば、これと区別ができない有形力の行使による教育的指導も絶対悪としなければなりません。要するに、有形力を行使する一切の懲戒及び教育的指導を全否定しなければ整合性がなくなります。

さうすると、後述する平成21年最判をも否定することになります。勿論、そのやうな考へもあり得ますが、有形力の行使は、どのやうな目的であつても悪とするのであれば、手術などの医療行為も悪とすることになり、その判断は、やはり正当な目的（医療、教育）があるか否かによつて区別せざるを得ないのです。有形力を行使する正当な業務をすべて違法性のあるものとすることは、論理的に破綻してゐることになります。

体罰を絶対悪として全否定する理念だけを唱へるのは簡単ですが、現実的な問題を全く解決することができません。平和を願つても現実には戦争が起こるのと同じで、有形力を行使しなければならない事情がある教育現場の最前線での現実の状況を無視し、理念だけを唱へるだけで、現実に目を瞑る人は偽善者に過ぎません。

このやうに、体罰を絶対悪とする傾向は、平成25年1月に起きた大阪市立桜ノ宮高校バスケット部の主将が指導者の体罰を苦に自殺した事件などによつて一気に高まりましたが、果たしてこれらの事件における有形力の行使が「体罰」と言へるのものであつたのでせうか。体罰に藉口した暴力に過ぎなかつたのではなかつたのか、といふことが全く検討もされずに、ただただ体罰絶対悪といふ空気によつて独り歩きして流されて行つたのではないでせうか。

体罰が、教育目的のものであれば、非違行為と体罰による苦痛との均衡が当然に必要ですが、そんなことは完全に無視し、単に、慢性的な過激な「しごき」をすることに酔ひしれて暴力行為が繰り返されただけあり、体罰の名に値しない暴力に過ぎず、これに真の教育目的があつたのか否かを検討した上で判断されるべきでした。

そして、この風潮によつて、体罰禁止の方向へと一挙に走り出し、児虐法第14条を追加する方法によつて、親のしつけにおける体罰を禁止するに至りましたが、民法本文の改正によらず、民法改正として本格的に議論することを回避して、親の懲戒権と体罰との関係に全く触れないまま、民法の改正ではなく、裏口入学のやうな児虐法によるバイパス改正といふ一時しのぎの方法で改正を行つたのです。

平成21年最判の説示に反してまで、有形力を行使した体罰や有形力を行使した教育的指導を全面的に否定するのは、まさしく児相の見解と同じです。しかし、児相は親の児童虐待を否定しながら、自らが子どもに行ふ「虐待」は黙認するダブル・スタンダードの矛盾を犯してゐます。有形力の行使をすべて違法な暴力であるとして、児相の欺瞞的見解に同調する考へは、親の教育権に関する議論において決して親に寄り添ふ見解ではなく、児相被害者と敵対する見解に他なりません。

4 GHQの占領政策

GHQは、わが国の強さの源泉が教育にあるとして、民族教育等の解体を試みました。教育科目と教育制度、特に、陸軍将校が学生・生徒に対して軍事に関する教育としての軍事教練（教練）を取り入れたことにより、将来の兵役における基礎的な団結力、集団行動力を培ってきたものと評価してゐました。

しかも、教練には、軍隊用語で、びんた（平手打ち）と呼ばれる方法で活を入れることが行はれることが多く、これによつて教練の成果があつたのではないかとの認識から、教育現場から体罰を完全に排除することが絶対に必要と考へ、戦前から体罰禁止の規定があつても、それが有名無実になつてゐたのは監視制度がなかつたためであるとし、これを徹底して遵守させるために、学校教育法を制定する際に、教師の体罰禁止条項を入れさせ、その実効性を担保するために、体罰を行ふ教師を監視して排除することができることを実質的な目的とする全国的な監視団体として学校単位でＰＴＡを組織させ、教育委員会制度と相俟つて実効性を高めました。

ところで、体罰が「罰」であれば、刑罰の場合において求められる罪刑の均衡が必要であるのと同様に、非違行為と体罰の程度の均衡が図られなければ体罰とは言へないのです。

また、体罰はやたらに行ふものではありません。むしろ、謙抑的なものでなければならず、体罰を行使する権限を教師が持つてゐることだけで絶大な効果があるものです。

教師に体罰を含む懲戒権があることによつて、それが子どもの非違行為を防止する抑止力になる効果があります。

これは、軍事力の場合も同じで、軍事力を備へること（軍備）の効果は、第一次的に、無用、無謀な戦争が仕掛けられるのを防御するための抑止力にあります。

そして、教育に体罰も同様で、教育における秩序の混乱を防止して教育目的を維持するための抑止力として教師に体罰できる権限を与へることと同じなのです。

憲法レベルにおける国家の戦力の保持と、教育レベルにおける教師の体罰権の所持とは相似してゐるのです。しかし、わが国は、国家レベルでも戦力不保持、教育レベルでも体罰権不所持により、重要な抑止力を失つてゐるのです。

教師と児童・生徒の間で保たれてゐた「鞭を振り振りチイパッパ」の「スズメの学校」の上下関係の秩序が崩壊し、「メダカの学校」のやうに、「だ〜れが生徒か先生か」が解らなくなる学級崩壊などのアノミー状態が起こる主な原因は、教師に体罰を禁止されてゐることから、子どもがそれを知つてゐて、教師を殴つても体罰をされることがないとして、教師は逃げ回ることしができず、子どもに舐められて教師の権威が崩壊したことにあります。我が国が近隣諸国に舐められてゐるのは、軍隊ではないと偽つた自衛隊があるだけで、戦力不保持の憲法があることと同じ構造なのです。

二　体罰と教育的指導

1　平成21年4月28日最高裁判所判決

平成21年4月28日の最高裁判所第三小法廷判決（平成21年最判）は、以下のとほり、学校教育法第11条但書で教師の体罰が禁止されてゐるにもかかはらず、実質的に教師の体罰を容認しました。

「B（児童）は、休み時間に、だだをこねる他の児童をなだめていたA（教員）の背中に覆いかぶさるようにしてその肩をもむなどしていたが、通り掛かった女子数人を他の男子と共に蹴るという悪ふざけをした上、これを注意して職員室に向かおうとしたAのでん部付近を2回にわたって蹴って逃げ出した。そこで、Aは、Bを追い掛けて捕まえ、その胸元を右手でつかんで壁に押し当て、大声で「もう、すんなよ。」と叱った（本件行為）というのである。そうすると、Aの本件行為は、児童の身体に対する有形力の行使ではあるが、他人を蹴るというBの一連の悪ふざけについて、これからはそのような悪ふざけをしないようにBを指導するために行われたものであり、悪ふざけの罰としてBに肉体的苦痛を与えるために行われたものではないことが明らかである。Aは、自分自身もBによる悪ふざけの対象となったことに立腹して本件行為を行っており、本件行為にやや穏当を欠くところがなかったとはいえないとしても、本件行為は、その目的、態様、継続時間等から判断して、教員が児童に対して行うことが許される教育的指導の範囲を逸脱するものではなく、学校教育法11条ただし書にいう体罰に該当するものではないというべきである。したがって、Aのした本件行為に違法性は認められない。」

この事案は、「Aは、Bを追い掛けて捕え、その胸元を右手でつかんで壁に押し当て、大声で「もう、すんなよ。」と叱った」のであつて、最高裁も有形力の行使がなされたことを認めてゐます。

体罰とは、子どもの教育的進歩を目的とした有形力の行使ですから、この事案における有形力の行使による教育的指導とは全く区別がつきません。

教師が非違行為を行つた児童を追ひかけて捕まへ、その児童の胸元を右手でつかんで壁に押し当て、大声で「もう、すんなよ。」と叱つたことは、従来の理解では明らかに有形力を行使した体罰でしたが、学校教育法第11条但書で教師の体罰が禁止されてゐることから、この行為を体罰には該当しない教育的指導であると言ひ換へて、最高裁は教師の体罰を実質的に容認し、学校教育法第11条但書の体罰の概念を極めて限定的に解釈したことになりますが、体罰と有形力を伴ふ教育的指導の概念の区別とその態様の限界については、全く判断しませんでした。

「本件行為にやや穏当を欠くところがなかったとはいえないとしても」と説示した点は、不穏当であれば体罰となるのか、不穏当であつても教育的指導の範囲であるのか、といふ区別がありうることを示唆してゐますが、この曖昧な表現は、後者を意味するものと理解されます。さうであれば、なほさら概念の区別が困難になつてゐるのです。

この判例については、民法第８２２条等の改正や児虐法第14条の追加の際に、全く議論がされなかつたために、教育的指導なのか、体罰なのか、虐待なのか、刑罰を科すべき明確な暴力なのか、といふ概念の区別をすることが不可能となりました。それの悪影響として、何でも彼でも教育的指導であるとか、しつけだと言ひ張れば、学校でも、親でも、明らかな犯罪行為であつたとしてもそんな言ひ訳を許してしまふ概念的カオス状態になり、より深刻な問題を引き起こしてゐます。

2 医療と教育

子どもに対する医療（行為）も教育（行為）も、いづれも業務上の正当行為として認められてゐます。

医療行為においては、泣き叫び嫌がつて抵抗する病気の子を親と医師が押さへつけて拘束し、医師が診察したり注射したり麻酔をして手術するなどの有形力の行使は、医師と親の判断で行はれますが、医療行為自体が正当な業務行為であることから、医師と親の行為は当然に正当行為として認められます。

民法第８２０条に、「親権を行う者は、子の利益のために子の監護及び教育をする権利を有し、義務を負う。」とあり、医療は監護の態様ですから、これは子の利益のためだからです。

ところが、監護では認められる有形力の行使は、教育においては現在の法制度とその運用において異なつてゐることが問題なのです。

いまや、体罰とか教育的指導などの教育行為を、児童虐待、虐待や暴力と同一視して、親や教師が子に対して有形力を用ゐる行為のすべてを否定しやうとしてゐるのです。

しかし、これは、明らかに親の教育権の侵害になつてゐるのです。

3　業務上過失

医療行為において、仮に、誤つた判断や措置によつて死傷の結果が生じたときは、業務上過失致死傷罪に問はれます。

これ同様に、たとへば、教師が体育の授業として、児童・生徒にグラントを何周か走らせたところ、数人の子どもに体調異変が生じて、死傷の結果が生じた場合、その走らせるにあたつて、個々の子どもの体調調査と健康管理の注視を怠つたり、グランドの気温と湿度などの状況から走らせる状況が不適当であつたことなどを判断して、安全配慮義務違反の落ち度が認められる場合は、やはり業務上過失致死傷罪に問はれます。

また、医師の場合も教師の場合も、初めから医療行為ないしは教育行為であることを口実として子どもに危害を加へることだけの主観的な意図と目的があつたり、客観的に見てもそのやうな医療の措置をとるべきではなかつたといふ客観的情況が存在する場合には、業務的正当行為であることが否定され、業務上過失致死傷罪ではなく、単純に傷害罪、傷害致死罪が適用され、死に至る認識認容があつたときは殺人罪に問はれることになります。

このことを踏まへて考へると、親として、子の非違行為を阻止して、子の生活態度を改善させるなどの意図と目的によつて、体罰ないしは教育的指導を行つたのであれば、それは教育行為としての正当性が認められることになります。ただし、医師と教師の場合と同じやうに、行き過ぎて重大な結果を生じた場合には業務上の過失が認められる可能性があり、教育的な意図と目的ではなく、初めから子どもに危害を加へることだけの主観的な意図と目的によつて行はれ、しかも、それを正当化できる客観的情況が存在しない場合であれば、やはり教育的な業務の正当行為であることが否定され、業務上過失致死傷罪ではなく、傷害罪、傷害致死罪、あるいは死に至る認識認容があつたときは殺人罪に問はれることになるのです。

ところが、このやうな正当行為であるか否かの判断については、医師と教師の場合は、比較的明確であるのに対し、親の教育の正当行為性の判断が極めて不明確となつてゐるのは、法制度の不備が原因です。

体罰、教育的指導、しつけ、児童虐待、虐待、いじめなどの概念とこれらの概念の区別を明確にしないまま、合法行為と違法行為、その中間のグレーゾーンの線引きができてゐないために、何が許容されて、何が許容されないのかの判断が不可能となつてゐるのです。

また、違法行為でも、犯罪行為に該当する行為と、犯罪行為には該当しない違法な行為との区別がありますが、これらの概念がそのいづれに該当するのかについても全く区別されてゐないのです。

概念を明確に定義することなく、それぞれの言葉の国語的解釈とイメージだけで主観的に判断するといふ、法治国家としてはあり得ない状況に陥つてゐます。

これらの行為について合法性の判断を行ふには、最低限度、行為に教育目的があつたか否か、その行為と生じた結果の均衡によつて判断するしかないはずですが、これについて詳細な検討がなされたことすらないのです。

つまり、一方においては、有形力を行使した医師の医療行為や教師の教育的指導は認められるのに、他方においては、有形力を行使した親の教育的指導や体罰などの教育行為のどのやうな態様が否定されるのか、その根拠と理由はどこにあるのかについて全く示されてゐないのです。

しかも、児虐法の定める親権者の行ふ「児童虐待」や児相職員等の第三者の行ふ「虐待」とはどう違ふのか。親の行ふ体罰や教育的指導は、すべて児童虐待に該当するのか。児童虐待と刑法的犯罪とされる暴行、傷害等とはどのやうに区別されるのか。児相職員等の第三者の行ふ「虐待」についても、暴行、傷害等とはどのやうに区別されるのか。といふ概念の定義と区別などが、法令の適用をするについて最も重大な問題であるのに、これが全く放置されてゐるのです。

一般に、どのやうな行為が違法であり、犯罪行為であるのかを区別して定義することは、憲法第31条及び同第39条の罪刑法定主義からして当然のことであり、定義を不明確なまま放置することは憲法違反です。

その上、これまで親が教育として体罰や教育的指導を行つたことについて、これに行き過ぎがあつたとして刑事罰に処せられる場合は、すべて暴行罪、傷害罪、傷害致死傷罪であり、業務上過失致死傷罪ではないのです。これでは、完全に親の教育権を否定してゐることになります。

4　戸塚ヨットスクール事件

この教育権の全否定についての問題が初めに提起されたのは、いはゆる戸塚ヨットスクール事件です。この事件の骨子となる概要は、次のとほりです。

情緒障害児や不登校児等などの家庭生活、学校生活、社会生活に適合し得ない子どもを、その親の委託を受けて子どもの改善を図り、約1000人を超える多くの情緒障害児や不登校児等を家庭生活、学校生活、社会生活に復帰させてきた絶大なる成果を上げてきた戸塚宏氏が運営する戸塚ヨットスクール（戸塚YS）の海上訓練中に、訓練生が行方不明となつて死亡した事故や、病死した事例であるとして警察が一旦処理した事例を後になつて蒸し返し、これらを、戸塚氏やコーチ陣が訓練生に暴行を振るつた結果、死に至らしめた事件であるとして警察と検察が事実を捏造して、戸塚氏とそのコーチ陣を起訴した事件です。

そして、起訴された罪名は、傷害致死罪、監禁致死罪でした。

戸塚氏らは、その故意も過失もないとして無罪を主張したのですが、それ以上に争点となつたのは、戸塚ＹＳが親の委託を受けて行つた訓練行為等を「教育」とは一切認めず、訓練行為を訓練生に対する単なる暴行行為、監禁行為と認定した点であり、教育が全否定されたことが問題だつたのです。戸塚氏らは、もし、業務上過失致死の罪名であれば、戸塚氏の教育的行為を認めたことになるので、折れて曲がつて罪を認めた可能性があるのですが、自らの行つてきたこれまでの教育的行為とその成果を全否定され、教育的行為を実施した際における不幸な出来事であるとの評価が全くなされず、自らの教育的措置を全否定されたことを認めることができなかつたのです。

この事件は、既存の教育界が、情緒障害児や不登校児などを改善できた実績が全くなかつたのに、戸塚ＹＳだけがその多くの実績を上げたことから、自己の教育指導が誤つてゐたとの批判を受け入れざるを得なくなるため、それを打ち消すために仕組まれた戦後初めての国策捜査によるものでした。親の親権で認められてゐる体罰を含めた権限の委託を受けた戸塚ＹＳは、学校教育法が適用される学校ではないので、学校教育法第11条但書の体罰禁止条項の適用はありません。にもかかはらず体罰を違法として、しかも、訓練自体を教育とは認めないといふことで、教育界の言ひ分を全面的に肯定して立件された事件でした。

しかし、戸塚氏の裁判中も、服役中でも、戸塚ＹＳの活動はコーチ陣で続けられ、戸塚氏が静岡刑務所から出所してきたときには、戸塚ＹＳを支援する会長の石原慎太郎東京都知事の激励も受けて、その後も多くの人の支援によりその活動は続けられ、これまで以上に成果を上げてきたのです。

5　再現性

科学とは、再現性です。誰がどこで行つても、所定の条件と手順の下で実施すれば同じ結果が生まれるのであれば、その方法によつて効果が生ずることは科学的に証明されたことになるのです。

戸塚ＹＳの訓練教育は、戸塚氏が行つても、そのコーチ陣が行つても、情緒障害児らは完治しました。これにより再現性が満たされて帰納法的にその正しさが証明されたのです。

つまり、情緒障害児短期治療施設（現・児童心理治療施設）が情緒障害児を改善できずに全く成果を上げられなかったのに対して、戸塚ＹＳは格段の成果を上げたことが、当時の、そして今の教育界にとっては、自己の教育論を全否定する存在であるために、何としてでも戸塚ＹＳを抹殺したかったのです。

人間は陸上動物であり、水上生活、水中生活はしません。そのために、海で溺死することを恐れます。板子一枚下は地獄の恐怖感は、自己保存本能の中枢である脳幹を強化します。そのため、水上訓練、海上訓練は、本能機能が低下した情緒障害を治癒させる本能強化トレーニングなのです。「われは海の子」には情緒障害児はゐないのです。

このやうな科学的事実を知らずして、戸塚ＹＳを教育界の洗脳に踊らされ、一知半解の思ひ込みで軽薄に批判するのは、まさに非科学的な者の妄言です。これまで、このやうな非科学的な言説を唱へる多くの者に対して、何度となく公開討論を申し込みましたが、悉く逃げ回られて実現しませんでした。公開討論に耐えられる自信がないからなのです。理性論教育に自信がある人ならば、是非とも公開討論に応じてほしいものです。

閑話休題。

あるとき、戸塚ＹＳの合宿所に児相が調査のため訪問したことがありました。それは、戸塚ＹＳの合宿所から訓練が嫌で逃げ出した訓練生が、このまま親元に帰宅すれば親から再び戸塚ＹＳの合宿所に連れ戻されると思つて、警察に飛び込み、児相に連絡して一時保護を求めて一時保護がなされたのですが、一時保護所では全く自由がきかずに酷い目に遭つたことから、戸塚ＹＳでの訓練を受けてゐる方が自分のためになると思つて一時保護所を逃げ出し、親元を通じて再び戸塚ＹＳに戻つてきたことがあつたためです。児相が一時保護に正当性があるのであれば、さらにこの子どもを児相に連れ戻すべきですが、児相は、この子どもの一時保護を解除してしまつたのです。

このことは、児相には、子どもを育てる教育論がなく、隔離して脅迫することしかしない子どもの待遇がいかに酷いかといふことと、一時保護がご都合主義で運用されてゐることを示してゐる一例なのです。

現在、余りにも酷い事件について、傷害罪や傷害致死罪、そして殺人罪として起訴されてゐる事件のみが報道されてゐますが、親が真剣に子のために行つた体罰や教育的指導によつて誤つて重症を負はせ、死に至らしめた事案について、業務上過失害致死罪を適用せず、傷害致死罪が適用されてゐることは、その親の教育権を否定して親として失格であるとする人格否定にまで及んでゐることが問題なのです。

児相は、これと平仄を合はせ、同じやうに、これらすべてを児童虐待として親の教育権を全否定して、一時保護を行ひ、親に一切の弁解を許さないのです。

6 種内攻撃としての体罰

体罰とは、子どもの進歩(教育的成長)を目的とした有形力の行使です。この定義であれば、平成21年最判が「本件行為は、その目的、態様、継続時間等から判断して、教員が児童に対して行うことが許される教育的指導の範囲を逸脱するものではなく、学校教育法11条ただし書にいう体罰に該当するものではない」として合法であると認めた、有形力の行使を伴ふ教育的指導とほぼ同じ意味になります。これが「体罰」ではないか否かは、定義の問題、言葉の問題であり、平成21年最判では体罰の定義が述べられてゐないのです。

ところで、動物行動学(エソロジー ethology)の視点からは、このやうな有形力の行使は同一の種の集団でなされるものは本能に忠実なもので種の維持にとつて必要なものとされます。これは動物行動学を確立した研究者で昭和48年にノーベル医学生理学賞を受賞したコンラート・ローレンツが、「種内攻撃は悪ではなく善である。」といふことを科学的に証明したことによります。

刷り込みの研究などによる動物行動学の第一人者である同人は、その著作の中で、「個体と個体の結びつき、個体間の友情が見られるのは、種内攻撃の高度に発達した動物の場合だけであり、それどころか、このような結びつきは、攻撃的な種類の動物ほど賢いのである。」などと述べ、同一種内での攻撃行為（有形力の行使）は本能原理として必要なものであること、すなはち、「種内攻撃は善である」との理論を確立したのです。

体罰は種内攻撃の一種です。種内攻撃といふのは、同一種の間で行はれる有形力の行使であり、それは種族内の秩序の維持ないしは形成のために行はれるもので、種族保存に不可欠な行動形態なのです。

これ以外にも他に枚挙に暇がないほど、学者や研究者などが有形力の行使

（体罰）の効用が説かれてゐます。

たとへば、平成22年1月3日の『サンディタイムズ』（英）「A smacked child is a successful child」（叩かれた子供は成功する子供）では、親に叩かれた子供は一度も叩かれなかつた子供より、幸せで成功した人生が送れるやうになるといふことが証明されたとするミシガン州グランドラピッズのカルバン大学のマージョリー・カンノエ心理学教授の研究発表があります。

また、国内でも、脳科学者・澤口俊之氏は、オフィシャルブログ『脳科学者はかく稽ふ』の「09／9／07 体罰の脳科学論」において、身体の痛みなくして心の痛みの神経回路を発達させられず、心の痛みなくして社会的協調や同情・共感の神経回路を発達させられないとして、体罰の有用性を説いてゐます。

体罰を認めるか否かについては、是非論の思想を混入させることなく、科学的知見に基づいてなされるべきです。そして、その定義を明確にして、証拠等を根拠として科学的知見に基づいてなされるべきであり、その要件、態様、方法などの具体的な内容と実例の情報の集積（ソフト・ウェア）を確立させ、教師や親などにそれを提供して講習させる必要があります。

教師の体罰が禁止されてゐたために、教師は、有形力の行使のノウ・ハウがなく個人的な判断で行つてゐたために問題が生じたのであり、制度的にその理論とノウ・ハウが確立されなければならないのです。

7　本能と理性

人間にしかない理性を絶対視する理性絶対主義（合理主義 rationalism）は、動物行動学によつて、その矛盾と破綻が明らかになつてきました。本能のみによつて生活する動物は、無益な殺生はしません。人でなし（人非人）のことを畜生にも劣ると言つて蔑みますが、理性を持つてゐるために悪事に走るのが人間です。畜生より劣つてゐるのが人間なのです。動物は、自己と家族の生存を維持するために必要最小限度の捕食をして他種の命を奪ひますが、それ以上に及ぶことはありません。

恨みのために人を殺したり、物欲にかられて人の物を盗んだり騙し取つたり脅し取つたりするなどの犯罪は人間しかしません。本能に忠実に生きてゐる動物は、理性が備はつてゐないためにそのやうなことをしません。

理性（reason）の原義は、数へることです。推論（reasoning）の能力、計算能力のことです。理性の働きでメリットとリスクとを考量計算して行動を決めるが人間です。

悪事をしないことが理性的であるとするのは誤解です。理性的（計算的）であればあるほど悪事に手を染めるのです。動物には理性がなく生命原理である本能に従つてゐるので、人間のやうな悪事を行ふことがないのです。

「天の命ずるをこれ性と謂ふ。性に率ふをこれ道と謂ふ。道を修むるをこれ教へと謂ふ」（中庸）。ここで言ふ「性」とは、性善説、性悪説でいふところの「性」です。これは、「本能」のことであり「理性」のことではありません。本能は善であり、悪は理性の中にあります。善悪の区別と定義としては、本能に適合するものが善、適合しないものが悪となります。

本能には序列があります。自己保存本能、家族維持本能、氏族維持本能、部族維持本能、民族保存本能、国家保存本能といふ序列であり、後に進むにつれて高次の本能となります。すべての個体には自己保存本能が備はつてゐますが、その身を犠牲にしてでも家族を守り、氏族を守り、部族を守り、民族を守り、そして国家を守らうとするのはこの本能の序列があるからです。たとへば、近親相姦といふタブーがありますが、家や学校などで教へもらつて理性的に理解して納得したためにタブーになつてゐるのではありません。

自己保存本能に根差す性欲を家族秩序を維持する本能によつて抑制するためであつて、理性的に学習しなくても生来的に身についてゐるタブーなのです。本能は、単なる欲望ではありません。個体の欲望を上位の本能で制御するのも本能の働きなのです。

もし、現在、児童虐待のうちの性的虐待が増えてゐるとすれば、それは人類の本能が劣化してきたことの現象であり、その対策としては、本能中枢である脳幹を強化する教育によつて本能を鍛へることしかありません。

イギリスのチェスタートンは、「狂人とは理性を失つた人のことではない。狂人とは理性以外のあらゆる物を失つた人である。」と言ひました。つまり、ジキルとハイドで描かれてゐる善悪の区別はすべて理性の産物であつて本能の産物ではないといふことです。

8　雛形（フラクタル）構造

国家の秩序維持と犯罪者の教化更生の目的のための刑罰と、国家を構成する最小単位の家族の秩序維持と子どもの教育目的のための体罰とは、社会維持のための懲戒権が本能原理として存在してゐることを意味してゐます。つまり、国家と家族における懲戒権の存在と態様には相似性があり、雲や海岸線などのやうに、微小の部分が全体に相似してゐる雛形構造（フラクタル構造）になつてゐます。

家族は、社会を構成する最小単位の一部社会であり、これを包摂する全体社会が国家なので、一部社会の家族における体罰は、全体社会の国家の刑罰の雛形として相似的な機能と構造を持つてゐるといふことです。

ただし、国における刑罰の場合は、適正手続の保障があり罪刑の均衡が守られてゐますが、家族における体罰の場合は、そのやうな保障を定める規定がなく、個々人の判断に委ねられてゐることに問題があります。

子どもが大やけどをする熱源に手を触れる寸前に、それを防ぐために子どもの手を強い力で叩き落としたり体を転倒させたりして火傷を防いだりするやうな場合や、平成21年最判の事例のやうに、事後になつてから注意や譴責をするのではなく、その場で非違行動を矯正しなければ教育的指導の効果がないやうな場合などの「緊急性」、「補充性」がある場合は、親や教師の本能的直観に委ねることが妥当であり、そもそもこのやうな場合について有形力の行為の程度、態様について具体的な基準を設けることが困難です。

しかし、これら緊急性、補充性のある場合における有形力の行使が体罰に該当するか否かの議論は別として、狭義の意味の体罰の場合、すなはち、事後において、既に子どもがなした非違行為の程度と態様、被害状況等を勘案して、これに均衡する体罰の方法、程度、説諭の仕方などの基準を科学的知見に基づいて定めた上で実行しなければならないのですが、そのやうなことについて今まで基準を設けることはなく、その検討すら全くなされてこなかつたことが問題なのです。

教育における懲戒権の行使において、教師の体罰が法律によつて禁止されてきたために、体罰の適正な基準のノウハウを身につけることが全くできなかつたことから、平成21年最判のやうな事例ごとに事後的な判断に頼らざるを得なくなり、しかも、判例でも有形力を行使した肉体的苦痛を伴ふ体罰ないしは教育的指導についての具体的な基準を明確に判断しないために、学校での有形力の行使を伴ふ懲戒のあり方の基準が定まらず、懲戒自体を躊躇するといふ混乱を生じさせ、教育現場において懲戒権を行使することが全くなくなつたといふ無秩序状態に陥らせてゐる原因となつてゐます。

このことは、日本国憲法では国に交戦権が認められてゐないので、戦時国際法の適用が受けられず、仮に、自衛権はあつても自衛戦争は交戦権の行使となるので違憲行為となり禁止されてゐるので、実際に交戦状態になれば全くお手上げの状態に置かれるのと同じなのです。交戦禁止と体罰禁止とは雛形構造（フラクタル構造）になつてゐるのです。

いづれにしても、刑罰と体罰とが雛形構造（フラクタル構造）になつてゐることからすると、体罰を禁止することは、刑罰を禁止するといふことに構造的に繋がることになります。しかし、刑罰のうち、死刑廃止を言ふ人が居ても刑罰全部を廃止せよとの意見はありません。体罰禁止を叫ぶのは、やはり非科学的な思想に囚はれて、理性以外のあらゆる物を失つた人の言説なのです。
児相は、さういふ意味では理性以外のあらゆる物を失つた組織です。児相を退職した人の中には、児相といふ組織は伏魔殿であると言つてゐました。我々は、その伏魔殿と闘つてゐるのです。

9　学校体罰と家庭体罰の捻じれ

以前の民法第822条第1項では、「親権を行う者は、必要な範囲内で自らその子を懲戒し、又は家庭裁判所の許可を得て、これを懲戒場に入れることができる。」と規定し、親の懲戒権には体罰は除外されてゐませんし、改正後の同条でも、「親権を行う者は、第820条の規定による監護及び教育に必要な範囲内でその子を懲戒することができる。」とし、平成23年の改正で、同第820条には、「親権を行う者は、子の利益のために子の監護及び教育をする権利を有し、義務を負う。」とし、「子の利益のために」との文言が付加されましたが、懲戒権に含まれる体罰は禁止されてゐません。

つまり、教育の専門家でなくても親になれますが、教育の専門家である教師にだけ、教育権（懲戒権）に含まれる体罰を禁止したのは、前述のとほり、GHQの戦後占領政策といふ歴史的な沿革と理由があり、そのために、「学校体罰」を否定し、「家庭体罰」は容認されてきたといふイレギュラーな制度になつてゐたのです。

ところが、平成31年1月24日深夜に、「しつけ」だとの詭弁で女児を殺害した千葉県野田市の女児殺人事件などが起こつたことに藉口して、同年（令和元年）6月19日に、体罰の定義もせず、体罰を禁止すべき科学的根拠の検討を一切しないまま、親の体罰禁止を盛つた改正児虐法と改正児福法が成立し、さらに、児相の強化も盛り込まれました。

しかし、禁止してゐるのは、「子の心身の健全な発達に有害な影響を及ぼす言動」であつて、体罰はその例示としてしてゐるのですが、体罰は「子の心身の健全な発達に有害な影響を及ぼす言動」であると断定できません。否、そんなものは体罰ではないのです。「子の心身の健全な発達に有害な影響を及ぼす言動」を体罰と定義するのであれば、そのやうなものは本来の体罰ではなく、別の名称、すなはち、平成21年最判のやうに、教育的指導とすればよいことになります。

犯罪は人間にしかできない理性による行動であり、教育は、家族保存本能による行動です。しつけといふ本能行動に藉口して子どもを殺すのは、あり得ないことであり、何らかの理性的計算による理性による打算的な行動なのです。しつけを口実とする犯罪が許されないのであって、本能行動のしつけや体罰、教育的指導は許されるものなのです。

この事件は、しつけでも体罰でも何でもなく、そんな教育目的が全くない単なる殺人事件に過ぎないものでしたが、しつけを口実にする暴力が悪であるのに、体罰が悪であるとして狙ひ撃ちにされたのです。

そして、民法本文の改正をすることなく、民法の親権条項とは制度趣旨も法体系も全く異なる児虐法第14条第1項に、「児童の親権を行う者は、児童のしつけに際して、児童の人格を尊重するとともに、その年齢及び発達の程度に配慮しなければならず、かつ、体罰その他の児童の心身の健全な発達に有害な影響を及ぼす言動をしてはならない。」とし、同条第2項に、「児童の親権を行う者は、児童虐待に係る暴行罪、傷害罪その他の犯罪について、当該児童の親権を行う者であることを理由として、その責めを免れることはない。」と規定しました。

これによると、「しつけ」に際しての「体罰」が禁止されたことになりますが、「しつけ」とは、行儀作法などの生活習慣を身に付けさせる初等教育であり、そのしつけに際しての体罰のみを禁止したことであつて、文科省の主導する「しつけ」との整合性を無視しました。いづれにしても、しつけ以外における体罰は禁止してゐないことになりました。

また、児福法第33条の2第2項後段及び第47条第3項後段にも、児虐法第14条第1項と同じ規定が追加されましたが、ここでは禁止される主体は児相所長と児童福祉施設の長や里親などに限定されてゐます。また、「児童のしつけに際して」との文言はなく、児相の所長や施設長らについては、しつけ以外においても体罰が禁止されることになりましたが、所長以外のすべての児相職員及び施設長以外のすべての職員には、体罰禁止の規定の適用はなく、体罰は許されるのです。

つまり、所長や施設長が禁止されてゐるので、その他の児相職員や施設の職員のすべても禁止されてゐるといふことにはならないのです。

一時保護処分などの法律行為の場合は、所長及び施設長の権限を他の職員が代理したり代行したりすることはありますが、体罰は法律行為ではなく、事実行為ですから、代理や代行はできないからです。

現に、児福法第33条の11には、児相の職員及び児相関係施設の職員は、一時保護をされた子どもや施設入所の子ども（被措置児童等）に対して、「虐待その他被措置児童等の心身に有害な影響を及ぼす行為をしてはならない。」とされてゐますが、これには、「体罰」が含まれてをらず、児虐法第3条の「何人も、児童に対し、虐待をしてはならない。」との重複した規定であるにすぎず、巧妙に「体罰」を除外して体罰を禁止してゐないのです。

また、さきほどの児虐法第14条では、「体罰その他の児童の心身の健全な発達に有害な影響を及ぼす言動」とあり、これと児福法第33条の11の「虐待その他被措置児童等の心身に有害な影響を及ぼす行為」とを比較すると、「その他」以下の概念は、その冒頭に例示した体罰と虐待と類似行為といふことになりますが、これでは、「体罰」と「虐待」とは同じ概念といふことになります。

つまり、児虐法第14条の「体罰」とは「虐待」と同じものであつて、学校教育法第11条但書の「体罰」と同じ概念であるのかは、法文の相違による概念の相対性からして、同じ意味であるかは不明であるといふことです。

親は、しつけに関してのみ体罰が禁止され、児相の所長及び施設長は、全ての体罰が禁止され、そして、所長及び施設長以外のすべての児相職員及び施設の職員や第三者は、体罰が禁止されてゐないといふ、極めて複雑怪奇な規定になつてゐます。

児虐法は、親の子どもに対する虐待を「児童虐待」として一時保護といふ制裁を科すための法律であり、その他の者、特に、児相施設内での施設内虐待(施設内犯罪)に関しては、犯罪として立件されない限り、何ら御咎めなしのザル法なのです。

このやうな事態になつたのは、そもそも体罰の定義がなされてゐないのに、親にはその一部の態様(しつけ)に際してだけ禁止したことから、しつけとしつけ以外の区別、親に許されてゐる教育的指導としつけ以外における体罰の範囲が極めて不明確になり、児童虐待の概念の不明確さが加はつて、恣意的な解釈がまかり通る複雑な状況が生まれて混乱が生じてゐるのです。

親の体罰については、児虐法第14条で「しつけ」での体罰を禁止し、改正民法第８２１条でも、民法では、「子の心身の健全な発達に有害な影響を及ぼす言動」を禁止します。

児虐法第14条の「体罰その他の児童の心身の健全な発達に有害な影響を及ぼす言動をしてはならない。」との規定は、改正民法第８２１条の「体罰その他の子の心身の健全な発達に有害な影響を及ぼす言動をしてはならない。」との規定と全く同じ表現です。つまり、体罰を「子（児童）の心身の健全な発達に有害な影響を及ぼす言動」の例示として認識してゐること自体に定義における誤りがあるのです。

また、しつけは「児童の心身の健全な発達に有害な影響を及ぼす言動」ではありません。これほど概念が混乱してゐるのが「しつけ」と「体罰」なのです。

しかも、先ほど述べたとほり、体罰とか児童虐待、虐待といふ概念が、別々の立法目的で制定された様々な法律において用ゐられてゐるので、これらがすべてに共通した概念であるとする根拠がなく、概念が各法律に基づいて相対的に用ゐられてをり、共通性、統一性が認められないのです。それほど概念が不明確な上に相対化してゐるのです。

体罰と聞くと、刑罰と同様に「罰」として、「制裁」、「仕置き」を連想します。つまり、非違行為があつた後に、その非違行為の程度に相応した身体罰として行はれるものを体罰であるとするのが、体罰といふ漢字語から認識できる意味ですが、前にも述べましたとほり、これは狭義の概念であり、一般にはこのやうな狭義の概念ではなく、もつと広い概念として、有形力を伴ふ「教育的指導」も含めたものを体罰として捉へられてきたのです。

前にも述べましたが、体罰には、狭義の概念と広義の概念があります。狭義の概念は、国家における刑罰の雛形であり、罪と罰との均衡が求められるのと同様に、非違行為の程度に見合つた体罰の均衡が求められます。また、広義の概念は、平成21年最判の場合のやうに、緊急性、補充性を満たすことを前提として、有形力を伴ふ教育的指導の連続線上に体罰を捉へてゐるものです。

体罰の概念には、狭義の体罰と広義の体罰とがあり、これらが区別して定義もされずに混同して述べられてゐることに問題があるのです。

第五　児相利権の構造

一　児相の予算

1　タイガーマスク現象

平成22年暮れころから、タイガーマスクのマスクを被つた者が、児童養護施設に姿を現して、その児童養護施設に入所してゐる子どもにランドセルや文房具、現金などを届ける運動が起こりました。メディアもこのタイガーマスク現象を大々的に報道し、これに賛同し同調した人も出てきて、ランドセルだけでなく現金を寄付することになり、それが全国的な運動へと展開しました。

メディアは、全国の各都道府県で、そのやうな寄付があつた児童養護施設が何か所あるかといふやうに、都道府県単位で調査してその数を集計をして、都道府県ごとの競争を煽るかのやうに報道し、一か所もない都道府県はどこかといふことまで日々報道した結果、全国すべての都道府県の施設にランドセルなどが届けられることとなつて、このタイガーマスク現象は翌年1月には終結しました。

すると、その翌日のメディアの報道は、このタイガーマスク現象が起こつたのは、児童養護施設の運営が経済的に厳しいことを理解してゐる善意の人々のボランティア活動であり、その善意に応へるためにも、児童養護施設に補助金などの支援をする必要があり、児相の活動に大きな予算を付けるべきであるといふ趣旨の報道がなされました。

そして、それ以後は、このタイガーマスク現象はぴたりと姿を消して、この現象は完全になくなりました。

どうしてこのやうな運動が起こつたのかといふことを考へると、これは厚労省が仕組んだ運動であるとしか考へられません。寄附をしやうとした対象は児童養護施設に限定され、しかも、その児童養護施設は、児相から子どもを入所させることを引き受けてゐる提携関係のある施設に限られてゐたからです。

つまり、これは、善意の人まで巻き込んで、このやうな現象を作り出し、児相関連予算の増加を求める官民共同で仕組んだヤラセの運動だつたのです。

そして、児相が子どもの福祉のための活動をしてゐることを周知させる番組が垂れ流され、そこでは密室での施設内暴力が問題となつてゐるとの負の側面は全く報道されず、『ドンキホーテ』といふヤラセドラマ、『ちいさいひと 青葉児童相談所物語』といふコミックまで出版され、厚労省が資金力を使ってステルス・マーケティングを主導してきました。

そして、その結果、これまで以上に児相関連の予算は拡大し続け、タイガーマスク現象などによる目的は達成され、大きな成果を上げることとなつたのです。

2 保護単価

児相関連の予算は、保護単価制（積算制）です。児相関連の予算は、一時保護によつて親の反対を押し切つて子どもたちを引き離すことをすればするほど、拉致した子どもの数に比例して予算が等差数列的に拡大する予算制度だからです。一時保護一件当たりの単価に一時保護件数を乗じた金額で予算が決まるのが保護単価制（積算制）です。ですから一人でも多くの子どもを拉致すればするほど、多くの予算が獲得できます。それによつて児相の組織と活動は拡大する一方になり、一時保護は、児相の営業行為となつてゐるのです。ですから、一時保護の必要性といふのは、営業収入を増加させる必要性のことであり、子どもの福祉のためといふのは全くの見せかけに過ぎません。ここに、児相権限が際限なく肥大化する原因があるのです。

具体的に言へば、1人の子どもを一時保護すれば、児童相談所運営経費として、一時保護所分とか児童自立支援施設分などして児童福祉施設等事務委託料が積算方式で支払はれ、その額は、1人当たり1か月で約40万円程度になります。

これは、実質的に「拉致報奨金」であり、一時保護をすればするほど増えるシステムですから、際限なく一時保護を増やすことが児相の利益に繋がります。そして、児童養護施設などの児童福祉施設の多くは、社会福祉法人などの民営ですから、児相から送致されてくる子どもの数が不足すると、経営に支障が出ますので、もつと多くの子どもを送り込んでほしいとの施設の要望に児相は応へ続けなければなりません。

少子化の傾向が著しく進んで子どもが減少して行くにもかかはらず、一時保護の件数だけがうなぎ登りに増加して行くといふのは余りにも異常です。これは作為的であるとしか考へられないのです。

今では、このやうな児相の強引な一時保護の手法が周知されることによつて、国民の側でも警戒心が高まり、一時保護の営業行為による「児相ビジネス」を展開して行くことが難しくなつてきたことから、児相ビジネスのバブルが崩壊する懸念が出てきました。それを補ふために、被収容児童を確保する目的で、一時保護の児童の対象を18歳から20歳までに引き上げました（平成28年法律第63号）。今後は、22歳（大学卒業年齢）まで引き上げる予定であり、いづれ児相の名称は、「児童収容所」から「成人収容所」となります。その伏線として、自立援助ホーム（児童自立生活援助事業）の対象を大学等に在学中で満22歳になる年度の末日までにある者まで拡大してゐるのです。

そして、児相は、子どもの絶対数が減少してゐる少子化傾向のなかで、一時保護の対象者の拡大のために、貧困児童にターゲットを向けます。つまり、児童の貧困化を歓迎してゐるのです。そして、前述したとほり、低所得者層の親に、子捨てを勧めて、子どもをいち早く（１８９）拉致して、児相ビジネスを維持して行くのです。

一時保護の子どもの数を無理矢理にも増やすことだけでなく、さらに、児相関連の経営を維持するためには、客単価を上げることが必要となります。一時保護を際限なく更新し、あるいは、施設入所の子どもを増やすことによって、拉致期間が長くなればなるほど、客単価が上がります。

そのために、児福法第27条による親の同意をさせることによって、同法第28条による家裁に対する承認審判を申し立てる手間を省くことに専念して営業効率を高めて行くのです。

また、客単価を上げて営業効率を高めるためには、親と子どもの面会・通信をできる限り完全に禁止して、それを長期化させる必要があります。

親と子どもとの面会・通信を許せば、前にも述べましたが、児相や児相関係施設内部での虐待や処遇の悪さを親が知ることとなり、また、子どもの里心が高まって親子の絆が修復して、必然的に親子の再統合が早期に実現する契機が生まれます。これは児相にとっては児相ビジネスの推進を妨げることになります。さうすると、児相が阻止しやうとしてきた親子の再統合の方向に向かふことになり、それが実現してしまふと、当然に客単価が低下するからです。

そのためにも、客単価の維持・向上のためにも、面会・通信は徹底的に禁止することを続けることになるのです。

そして、家裁を先頭に、すべての裁判所も、国家ぐるみで児相利権を黙認し支援してくれてゐるので、児相ビジネスは当面の間は安泰であると考へて、これまで通り児相はこれまでの方針を変へずに児相ビジネスを邁進して行くのです。

さらに、児相福祉施設には、保護単価制で膨れる予算に群がる特定の政党や宗教団体、NPO、NGOなどの団体が入り込み、子どもの就業、雇用などを世話して、子どもを組織にオルグしたり入信させたりするすることがなされてをり、保護単価制で膨れ上がつた児相の利権構造は多重的に入り組んだものになつてきてゐます。

二　警察の予算

1　総予算性と令状主義

警察の予算は、児相のやうな積算性（保護単価制）ではなく、総予算制です。

警察の組織運営と活動のために、それぞれ必要となる予算を積み上げて、その合計で予算が決まります。

行政警察作用と司法警察作用に分けて試算する場合、行政警察作用に必要な予算はそれほど大きな変動はなく、予測可能ですが、司法警察作用における捜査等に必要な予算の場合は、その年度に起こる大規模事件などは予測し得ません。さうすると、ある程度のことを勘案して前年比によつて予算が決まります。

刑事警察においては、任意捜査と強制捜査がありますが、強制捜査の場合は、逮捕、捜索等において、憲法で定められた令状主義の制約があるため、任意捜査と比較して、手続費用や捜査費用は増加します。予算も、逮捕者の数によつて増加する積算制ではないので、強制捜査の件数が増えても、それによつて予算が比例的に増加しません。任意捜査の場合も同じです。このことが児相の予算とは決定的に異なる点なのです。

2 捜査放棄と虐待通告

警察には、急増する一時保護に対応する捜査体制が十分ではありません。

児童虐待の事実があるとして児相に一時保護された場合、それに犯罪の嫌疑がある場合は、警察が最優先で捜査をしなければなりませんが、そのやうなことにはなつてゐません。

担当部署の人員は決められてをり、案件が急増しても人員を急激に増やすことも、捜査費用等を案件数に比例して増やすことにも限界があります。

さうすると、当然に捜査は手薄となり、その穴埋めを予算が潤沢な児相に丸投げすることになります。警察は、児相に案件を丸投げしてそれには干渉せず、素人の児相から速やかに事情を聴取して嫌疑の有無を確認することはしません。

余ほど酷いケースについて、児相からの連絡を受けて、押つ取り刀で捜査に着手するために、手遅れになるケースも多く、そのやうなケースだけが喧しく報道されてゐます。警察が早期に捜査を開始してゐれば防げた事件が多いのです。

警察と児相との間には、リアルタイムで一時保護案件の情報共有をする制度にはなつてをらず、連携に不備があります。

そして、一般人から児童虐待の疑ひがあるとして通報されても、嫌疑の有無を調査することをせず、そのまま自虐法第6条の児童虐待通告を児相にするだけで、素人の児相が調査して事件性があるとした場合に、再び警察に連絡して捜査がなされる可能性が出てくるだけです。

つまり、警察は、初動捜査を行はず、事態が深刻にならなければ、捜査を開始しないことから、被害者である子どもは、最悪の事態になるまで放置されるのです。

このやうな事態となつてゐるのは、やはり、児相には潤沢な予算があり、そのための予算の乏しい警察は、子どもの児童虐待については初動捜査権を事実上放棄してゐることになるのです。

しかも、児相関係施設内における「虐待」は、児相関係施設の職員が被疑者となることから、被疑者の児相側から警察に自首する通報がなされることはなく、児童虐待通告をして児相に対応しもらつてゐるといふ貸し借り勘定による癒着と負ひ目があることから、余ほどのことがない限り児相関係者を被疑者として立件することができにくいのです。

そもそも、児童虐待通告（児虐法第6条）とは、「児童虐待を受けたと思われる児童を発見した者」は、「速やかに」児相等に「通告しなければならない。」として通告を義務付けるものですが、「児童虐待を受けたと思われる児童を発見した者」とは、通常の解釈では一般人を意味し、隣近所の人に密告させる制度ですから、これには警察組織を含まないはずです。警察には、一般人と異なつて、捜査といふ固有の役割と義務があり、「児童虐待を受けたと思われる児童を発見した」場合には、これを先づ自らが捜査の端緒として、子どもが被害者となる暴行、傷害、保護責任者遺棄罪などの犯罪の嫌疑があるか否かを捜査した上で、その嫌疑がないと判断した場合、行政的対応を求めて児相に児童虐待通告をするのが本来ですが、それをせずに、初動捜査を放棄して、素人の児相にこれを丸投げしてゐるのです。

警察がこのやうな事情によつて児童虐待通告を盛んに行ふために、年々その件数が急増するといふ異常な事態が起こつてをり、この急増してゐる警察からの児童虐待件数は、警察が初動捜査を放棄してゐる件数のことになります。

三 児相利権の解体

1 警察と児相の癒着の解消

児相問題を解決するための嚆矢として先づ直ぐに実行しなければならないことは、これまでの警察と児相との癒着を速やかに解消することです。

警察は、これまでの児相への児童虐待通告をし続けることを中止し、原則通りの捜査方法の常道に戻るべきです。子どもが暴行罪、傷害罪、保護責任者遺棄罪などの被害者となる犯罪の嫌疑の可能性がある情報を入手すれば、まづはその嫌疑の有無を捜査して、嫌疑があればそれを立件し、嫌疑がないと判断した場合には、必要があれば行政措置を促すため児相に通告すればよいのです。この通告は自虐法第6条の通告ではありません。

これまでのやうに、児童虐待通告をして素人の児相に丸投げし、初動捜査を行ふことを自ら放棄することは絶対にしてはならないのです。

2 警察予算の補充

警察が予算不足のために、資金が潤沢な児相に対して、子どもが被害者である可能性がある案件を児童虐待通告制度を利用して丸投げすることを避けるためには、児相の保護単価制の予算制度を通常の総予算制に改め、子どもが被害者となる関連の捜査を充実させるために、児相の予算を削つて、子どもの福祉のための特別予算として、それを警察の予算に振り替へることが必要になります。

さうすれば、警察は、素人の児相に捜査を丸投げするやうな異常な事態を改善することができます。決して、素人集団の児相に先行的に初動捜査をさせてはならないのであり、捜査機関としての矜持を保たねばなりません。

3　児相の解体

このやうな方策によつて、最終的には児相制度を解体することが必要となります。敗戦後の緊急事態のために児相を作つて一時保護として広範な自由裁量権を与へたことは、その当時であれば「必要悪」でしたが、もう既にその「必要」はなくなつて、単なる「悪」だけになつてゐます。

それゆゑに、児福法を大々的に根本改正を行ひ、児相を解体し、児相に代はる新たな機関を設置する必要があります。

その機関は、これまでのやうな糾問構造から弾劾構造による組織に変へなければなりません。糾問構造といふのは、児相がの審査をどこからも受けずに一時保護を単独で決め、その後の調査や処遇等の手続もすべて児相が独断の方法で行ふ方式のことです。刑事訴訟で言へば、検察官が裁判官の役割を兼ねて手続を行ふことで、江戸時代のお白洲の制度のことで、町奉行所が捜査してそのまま判決するシステムです。講談や浪曲で、「遠山の金さん」として捜査をして自らが証人となる遠山金四郎が、奉行所のお白洲で、「この桜吹雪が目に入らぬか」と言つて被疑者に自白を迫り、自白させた上で奉行として判決を言ひ渡すといふ、あの方法です。児相もこれと同じことをしてゐると胸を張つてゐるのです。

これに対し、弾劾構造といふのは、現行の刑事訴訟法のやうに、検察官が起訴（訴追）した事件を裁判所が検察官と被告人の当事者の主張と証拠に基づいて審理する方式で、今の児相の権限を別々のいくつかの機関に分掌させることです。一時保護に限つて言へば、一時保護を請求する機関と、子どもを拘束する機関、それに一時保護の当否について判断する機関に分掌して手続保障を充実させる必要があります。

いまは、児相が独断で一時保護を決めて子どもを拘束し、その当否やその後の手続の一切を児相が行ふ極端な権力集中の糾問構造になつてをり、人権を無視した全体主義国家が採用してゐる制度と同じです。そのために、秘密主義による隠蔽構造の絶対権力として維持されてゐるのです。

絶対的権力は、絶対的に腐敗します。そして、偽装します。全体主義政権のソ連と鋭く対峙して、家族ともども酷い弾圧を受け続けながらも活動し、ノーベル文学賞まで受賞したアレクサンドル・ソルジェニーツィンは、「権力は、その力を高めるために、自らを偽装するのである。」と説いてゐます。児相も全く同じなので、これ以上の犠牲者を出さないためにも、いち早く（189）解体させなければならないのです。

第六　児相問題の取り組み方

一　パーシャル連合への道

1　児相被害者の現状

これまで子どもを児相に拉致された親は、一人で悩み個別的には弁護士に依頼するなどして子どもを取り返す努力を続けてきましたが、児相被害者が増えてきたことから、ＳＮＳなどで同じ児相被害者と連携して情報交換などにより孤立感が徐々に解消することができるやうになりました。

そして、児相被害者が集まつて被害者団体や運動団体を作つたりして、数多くの団体ができてゐます。しかし、児相被害者が一つに纏まつて大きな発言力が生まれることは、児相にとつては好ましいことではないため、団体間の連携や団体に参加してゐる児相被害者同士を離反して分裂させてその勢力を削ぐために、児相被害者に成り済ましたりして、分断工作を始めました。

また、過去に児相被害者であつたり、現在も児相に子どもを拉致されてゐる人でも、子どもを取り返すことが不可能であると諦めた人が、いはゆる引き込み心理によつて、自分と同じ境遇の者を増やすことによつて満足するといふ屈折した考へにより、やたらと児相被害者に個別的にも侮辱したり批判したりして攻撃し、離反工作を面白がる愉快犯のやうな人も出てきます。

そして、児相被害者に成り済ます人だけではなく、児相問題に関心がある人も参加してきますが、児相に対して一丸となつて対抗しやうとせず、些末なことで感情的になつて児相被害者同士の対立を煽り立てて運動を混乱させ、初心を忘れて児相問題を解決しやうとする目的を見失つてゐる人も現れます。

中には、児相の権限拡大の旗振りをして、その方向に血道を上げてゐる政党(国政政党では全政党)やその議員と連携して分断工作を行ふ人が多く居ます。

児相被害者は、藁をも縋る思ひなので、まことしやかにＳＮＳなどで発信する人の虚言に振り回されることが多くあります。

国連（ＵＮ）の関係者であると名乗つて、できる力も方法もないのに、解決できると唆したり、国連への申し入れをするので費用が要るなどとして資金集めを呼びかけ金銭を騙し取るやうな手合ひまで出てきます。

国連（UN）の機関の勧告をずつと無視し続けて来た厚労省としては、これからもこれと同じやうな勧告が出ても無視し続けることが確実と思はれるにもかかはらず、それが容易にできるとする勧誘運動をしてゐる人が居ますが、この問題は、そんな微々たる勧告が外圧となつて解決できる性質のものではありません。そんな勧告に期待したとしても、すぐに我が子が帰つてくるはずもなく、国内運動をせずに外圧だけに頼るといふのは、主権国家の国民の自負に悖るものです。

この問題は、根本的には国内問題として取り組み、国民運動を盛り上げて自律的に解決しなければならない問題であるのに、ヤルヤル詐欺のやうな外圧願望運動だけに入れ込んでしまふ児相被害者が出てくるのは誠に残念なことです。

藁をも縋る思ひの児相被害者が、国連の勧告に期待する気持ちはよく解ります。ですから、国連頼みの運動を批判するつもりは毛頭ありません。しかし、児相被害者に寄り添つて児相の違法行為を是正すべき義務のある国会議員や地方議員が、国内で何の活動もせずに、国連だけに頼らうとすることは自己に課せられた本来の職務を放棄することになることを自覚していただきたいのです。

児相問題は、このやうな複雑な状況にあるために、児相被害者もその団体も、分断工作に翻弄されて、一つにまとまることができない状況にあります。

2　児相被害者の思ひ

子どもを児相に取られた児相被害者の中には、経験的に感じるのは体罰肯定者が多いといふことです。体罰を明確に肯定しない人であつても、少なくとも教育目的で有形力の行使を伴ふ教育的指導は肯定してゐます。

そして、児相被害者は、「焼野の雉《きぎす》夜の鶴」といふ諺のとほり、子どもを慈しんでその教育に熱心な人たちです。

ところが、その教育熱心な余り、不幸にして児相に子どもを拉致されることになつたため、児相被害者は、自己の教育を児相に全否定され、人格を踏みにじられたと強く感じてゐます。そして、子どもに対する愛情が強い余り、理不尽な児相の措置に強い憤りを感じてゐるのです。

親としては、教育的指導を児童虐待として評価されることの憤りと無念さがあり、教育の何たるかが解つてもらへず、また、教育には経験の浅い素人で、単細胞的発想しかできない野郎自大の児相職員に、高飛車的にそこまで言はれたくないと思ひながら、怒りを押し殺し、子どもを取り返したい気持ちで、児相と条件闘争を続けなければならないもどかしさを常に感じてゐるのです。

子どもがよくないことをすれば叱つたり、有形力を行使する場合があることは当然のことで、子どもは叱られた不快をバネにして成長するのであり、その不快感は客観的に子どもの利益であるのに、児相は、子どもに不快感を与へることも児童虐待であるとするのです。

「叱るより褒めろ」と言つて、叱ることをしない教育指導の傾向は、確実に教育自体を崩壊させて行くことになります。

お菓子を一つ万引きした子どもを親が叱ることをせずに、欲張らずに一つだけしか万引きしなかつたことは偉ひと言つて褒めることで子どもが本当に真面に育つのかといふことです。そのときに、平成21年最判のやうに、親が子の胸倉を掴んで、「もうするなよ！」と有形力を用ゐて叱ることを児童虐待であるとして児相が判断して一時保護をすることは許されないと感じてゐるのが、児相被害者の共通した認識です。

そして、子どもに対する思ひやりを欠いた一過性の出来事があつたとしても、親子が信じあつて乗り越へやうとして、親子の再統合を望んでも、過去の出来事があつたことだけを児童虐待だといつまでも批判し続け、それを克服しようとする親子の努力を妨害して、子どもを拘束し続けて家庭崩壊させる児相に、児相被害者は、心の底から憤りを感じてゐるのです。

3 パーシャル連合結成の取り組み

当初から、様々な分断工作がなされ、いもまなほそれが続いてゐることからして、児相被害者団体を一つにまとめることは、今までできませんでした。いろんな児相被害者が求める要望を多く掲げると、一つの団体として纏まることが困難になります。そこで、多様な目的で数多くの団体を一つの団体として結成するのではなく、いろんな団体ができることを歓迎し、それらの団体がなるべく多く合意できる最大公約数的な共通の目的の項目に絞り込んだパーシャル連合（部分連合）を課題ごとに結成して、その目的によつて活動する緩やかな連合体をつくつて、政治的な影響力を高める必要があります。

必要なことは、厚労省や政党などに、各団体が纏まつて具体的な要求を統一して行ふことなのです。その要求事項において、最優先に掲げなければならないのは、一時保護において、子どもと親の同意をとることの原則を守れ、といふ単純明快な要求です。

これが児相問題解決のための第一歩であるはずですが、その理解を広げることについても様々な妨害がなされ、それを理解した一部の団体がいくつか集まつてパーシャル連合として厚労省等に申し入れたことが何度かありましたが、メディアはこれをほどんど報道しません。あくまでも児相批判をすることはブラックアウト（報道管制）の対象だつたからです。

パーシャル連合として要求事項をまとめる努力はいまも続けられてゐますが、未だ実現してゐないのです。

二　地方議員の役割

この問題は、どうしても政治の世界で取り組んでもらふ必要があります。

これまで、ごく例外的に国会議員の協力が得られ、児相問題についての質問趣意書の提出をしてもらつたことがありましたが、厚労省は巧妙に回答を拒絶して、制度改革をする意思が全く見られませんでした。

児福法及び自虐法をこれまで頻繁に改正されてきましたが、児相権限を強化する方向だけであり、全政党の全会一致でなされてきたものでしたので、少なくとも政党に属してゐる個々の国会議員は、児相問題の実相すら全く理解してをらず、児相権限を制限する方向については、「虐待親の味方」をするとの先入観しか持つてゐなかつたのです。

これからも政党や国会議員への説明や説得は欠かせませんが、児相は都道府県の設置する機関であることから、どうしても地方議員の役割は重要です。前にも述べたとほり、首長への働きかけもさることながら、児相に対して、地方議員の視察権、調査権を獲得する条例制定等を目指してもらふやう働きかける必要があります。

15年前からの児相問題の取り組みからすると、近年は、児相の実態とその問題点について、地方議員がその支持者からの訴へに対応して理解が深まり、数多くの地方議員が声を上げてくれるやうになつたことはありがたいことです。

三　児相問題の理解を妨げるもの

1　誤解と偏見

当初は、児相が子どもを守るための機関であると、誰もが好意的に素朴な理解をしてきました。しかし、それが虚構であることが知られるやうなってきましたが、まだまだ児相の虚構を知らない人が圧倒的に多いのです。

これまでは、児相を敵にすることは、「虐待親」の味方をすることになるとされ、そのやうなことをすれば選挙に影響がでるとして、国会議員も地方議員も相手にしてくれませんでした。児相問題に関して地方議会で一般質問をする議員は極めて稀であり、それほどこの問題は地方議会でも無視され続けてきました。

しかし、徐々に児相被害者に対する誤解と偏見がなくなつてきました。そもそも、児相に対して子どもを返せと要求する親は、教育に熱心で、しかも、児童虐待などしたことはないと認識してゐる人が殆どです。教育目的とは無関係に子どもに対して暴力を振るつたりした人は、刑事事件になつたりして、児相に措置に対して反省して自白してゐるのは殆どなのでで、児童虐待をしてゐないなどの主張はしてゐません。

また、経済的理由で、子どもを児相に引き渡す「子捨て」(子棄て)の親も、そんな主張をするはずがありません。つまり、真摯に子どもを返せと訴へる親は、児童虐待をしてゐない人や、仮に、それに該当する場合であつても、自ら再発防止の意向により親子の再統合を求めてゐる人が殆どなのです。ところが、親子の再統合のための面会・通信を児相が理不尽にも禁止するために、声を上げてゐるのです。

親のこのやうな事情があることについて、これまで単なる酷い虐待親がそんな身勝手なことを言つてゐるとの誤解と偏見があつたために、児相問題の実相が多くの人に理解できなかつた原因でした。

そして、メディアも児相が行ふことは善であるとの性善説の妄想に絡み取られて、児相の構造的な問題を理解しやうと指摘することもしなかつたのです。そして、最大の被害者が子どもであるとの認識も全くできてゐないのです。これらのことが、児相被害者に対する誤解と偏見を増幅させた原因なのです。

そして、なによりもこの誤解と偏見を増幅させてゐるのは、分断工作の存在とその激しい活動であり、このことを無視することはできません。

2　分断工作

分断工作のことについては、前にも述べましたとほり、様々な態様で行はれます。意図的な分断工作もありますが、分断工作とは思つてゐなくても、些末な対立を自ら煽ることによつて、結果的には分断に手を貸してゐることもあるのです。

それゆゑ、児相被害者ならば、殆どの人が反対できない、反対しにくい事項を抽出して運動を進めることによつて、分断を防がなければなりません。

そして、その事項とは、先ほども言ひましたが、一時保護では子どもの親の同意が必要であるとする原則を守れと要求し、例外的に同意が不要であるとすれば、緊急性、補充性が存在するとの証拠を示すことを義務化させることを求めることです。これが実現すれば、児相問題の解決のための大きな第一歩を踏み出すことになることになり、児相問題への理解を広げることができます。

す。このやうな複雑で複合的な問題状況にあり、児相が利権構造の中心に陣取って居坐り続けてゐることによつて益々悪化してゐるのが児相問題の本質なのです。

おわりに

北朝鮮に拉致された被害者とその家族の痛みが理解できる人であれば、児相問題といふ、白昼堂々と子どもが拉致されていく国内最大の拉致事件に是非とも関心を持つていただきたいのです。

このまま児相の横暴を許して子どもが拉致され続けると、この国の将来は危ふいことになります。

いま、児相問題については国のすべての機関が機能不全に陥つてゐますが、北朝鮮の拉致問題でも機能不全に陥つてゐましたが、多くの人の努力が実つて、政治の地殻変動が起きました。決して絶望してはいけません。

巧遅《こうち》は拙速に如かず。まづは、いち早く（１８９）児相を解体することによつて、この問題を全面的に解決するための嚆矢として、一点突破、全面展開をして行くことしか道はありません。

児相との葛藤は、平成19年から始まりました。静岡で、子どもと親が反対してゐるもかかはらず、強制的に一時保護された事件が起こりました。この事件は、児相が資料を改竄してゐる疑ひがあることから、静岡地裁に証拠保全を申立てると、それが認容されて、県児相と市児相に裁判官とともにその執行のために立ち入りました。

執行は一日では終はらず、翌日も執行することになりましたが、当日の執行が終了すると同時に、その裁判官は更迭（左遷）されたのです。明らかに事件の揉み消しのためです。

そして、この事件のことは、その後の全国児童相談所長会議において、厚労省は、証拠保全決定が出ても、そのやうな書類は存在しないと言へと違法な指導を行ひ、私は要注意人物とされました。

しかし、この事件によつて、現在まで児相問題として指摘されてきたすべての問題が浮かび上がりました。私の著作を含めて、児相問題を扱つた著作は、すべてこの事件で私が指摘したことが基礎となつてゐるものですが、現在では、その問題がさらに露骨に悪化して深刻な状態になり、厚労省と児相の悪事が次々と露見してきたのです。

児相には、子どもを育てる教育論がなく、囚人のやうに子どもを拘束してその自由を奪ひ、ただ食物を与へるだけの飼育論しかないのです。

現在、多く児相被害が広がる中で、国会議員も地方議員も、厚労省の説明を鵜呑みにして、児相の権限強化こそが児童虐待をなくして児童が安全に暮らせることになると信じ込み、児相被害者に寄り添ふ議員はこれまで極一部の議員を除き、皆無に等しい状態でした。

ところが、これまで長く続けられてきた多くの人々の努力が実り、令和6年1月21日に、全国から30人の地方議員が集まつて児相問題地方議会議員協議会（児地協）が結成されたことは、喜ばしい限りであり、今昔の感があります。

しかし、すべての国政政党は、いまだに児相問題に目を瞑つて、厚労省の意向通りに児相の権限をさらに強化することに余念がありません。児相問題全国議員連盟（児相議連）の地方議員もその所属政党の圧力に負けて変節することなく、志操堅固に活動を続けて行ってほしいものです。

南出 喜久治

【著者紹介】**南出喜久治**（みなみで・きくぢ）

昭和 25 年、京都市生まれ。京都市立堀川高等学校卒業。弁護士。憲法学会会員。真正護憲論を完成させ、平成 4 年 5 月 26 日、平成天皇に占領憲法無効宣言を諫疏する天皇請願を行ふ。

主な著書には、『日本国家構造論－自立再生への道－』（政界出版社）、『日本国憲法無効宣言』（共著、ビジネス社）、『國體護持総論』（まほらまと研究所）、『占領憲法の正體』（国書刊行会）、『児相利権』（共著、八朔社）などがある。

児相問題の深層

令和 6 年 2 月 10 日 第 1 刷発行
著　者　南出 喜久治
発行者　釣部 人裕
発行所　万代宝書房
〒176-0002 東京都練馬区桜台 1-6-9-102
電話 080-3916-9383　FAX 03-6883-0791
ホームページ：https://bandaihoshobo.com
メール：info@bandaihoshobo.com
印刷・製本　日藤印刷株式会社

ISBN 978-4-910064-91 -8 C0036

装丁：小林 由香